大连理工大学管理论丛

项目驱动型企业组织柔性和效率的协同演化研究

孙秀霞　朱方伟　著

科学出版社

北　京

内 容 简 介

本书以我国项目驱动型企业面临的组织柔性和效率的悖论问题为出发点,从系统、动态的视角提出通过组织柔性和效率的动态演化以化解两者悖论的研究思路。围绕项目驱动型企业组织柔性和效率动态演化的机制探讨,本书构建包含组织柔性和效率双重目标的项目驱动型组织系统模型,在系统模型的基础上深入剖析项目驱动型企业组织柔性和效率动态演化的条件及动力作用过程,并针对项目驱动型企业组织柔性和效率动态演化提供了具体的实现机制。本书基于系统思想展开论述,将项目驱动型组织置于"环境—系统—功能—要素—结构"的系统分析框架中,并最终从系统的思维转化机制、矛盾的降阶转化机制和权变的组织设计机制三个方面,为我国项目驱动型企业的组织柔性和效率管理提供系统的诊断和解决方案。

本书可供企业管理、项目管理等领域的研究人员、教师及相关专业的本科生、研究生参考,同时对项目驱动型企业或者正在尝试项目管理变革的企业管理者、实践者也具有较大的参考价值。

图书在版编目(CIP)数据

项目驱动型企业组织柔性和效率的协同演化研究 / 孙秀霞,朱方伟著. —北京:科学出版社,2019.9

(大连理工大学管理论丛)

ISBN 978-7-03-059665-9

Ⅰ. ①项… Ⅱ. ①孙… ②朱… Ⅲ. ①企业组织–组织管理学–研究 Ⅳ. ①F272.9

中国版本图书馆 CIP 数据核字(2018)第 273267 号

责任编辑:陈会迎 / 责任校对:王丹妮
责任印制:张 伟 / 封面设计:无极书装

科 学 出 版 社 出版
北京东黄城根北街 16 号
邮政编码:100717
http://www.sciencep.com

北京盛通商印快线网络科技有限公司 印刷
科学出版社发行 各地新华书店经销

*

2019 年 9 月第 一 版 开本:720×1000 B5
2020 年 1 月第二次印刷 印张:9 1/4
字数:190 000
定价:78.00 元
(如有印装质量问题,我社负责调换)

丛书编委会

总　序

　　编写一批能够反映大连理工大学管理学科科学研究成果的专著，是几年前的事情了。这是因为大连理工大学作为国内最早开展现代管理教育的高校，早在 1980 年就在国内率先开展了引进西方现代管理教育的工作，被学界誉为"中国现代管理教育的先驱，中国 MBA 教育的发祥地，中国管理案例教学法的先锋"。大连理工大学管理教育不仅在人才培养方面取得了丰硕的成果，在科学研究方面同样取得了令同行瞩目的成绩。例如，2010 年时的管理学院，获得的科研经费达到 2 000 万元，获得的国家级项目达到 20 多项，发表在国家自然科学基金委员会管理科学部的论文达到 200 篇以上，还有两位数的国际 SCI、SSCI 论文发表，在国内高校中处于领先地位。在教育部第二轮学科评估中，大连理工大学的管理科学与工程一级学科获得全国第三名的成绩；在教育部第三轮学科评估中，大连理工大学的工商管理一级学科获得全国第八名的成绩。但是，一个非常奇怪的现象是，2000 年之前的管理学院公开出版的专著很少，几年下来只有屈指可数的几部，不仅与兄弟院校距离明显，而且与自身的实力明显不符。

　　是什么原因导致这一现象的发生呢？在更多的管理学家看来，论文才是科学研究成果最直接、最有显示度的工作，而且论文时效性更强、含金量也更高，因此出现了不重视专著也不重视获奖的现象。无疑，论文是重要的科学研究成果的载体，甚至是最主要的载体，但是，管理作为自然科学与社会科学的交叉成果，其成果的载体存在方式一定会呈现出多元化的特点，其自然科学部分更多会以论文等成果形态出现，而社会科学部分则既可以以论文的形态呈现，也可以以专著、获奖、咨政建议等形态出现，并且同样会呈现出生机和活力。

　　2010 年，大连理工大学决定组建管理与经济学部，将原管理学院、经济系合并。重组后的管理与经济学部以学科群的方式组建下属单位，设立了管理科学与工程学院、工商管理学院、经济学院以及 MBA/EMBA 教育中心。重组后的管理与经济学部的自然科学与社会科学交叉的属性更加明显，全面体现学部研究成果的重要载体形式——专著的出版变得必要和紧迫了。本套论丛就是在这个背景下产生的。

　　本套论丛的出版主要考虑了以下几个因素：第一是先进性。要将学部教师的最新科学研究成果反映在专著中，目的是更好地传播教师最新的科学研究成果，为推进管理与经济学科的学术繁荣作贡献。第二是广泛性。管理与经济学部下设的实体科研机构有 12 个，分布在与国际主流接轨的各个领域，所以专著的选题具有广泛性。第三是纳入学术成果考评之中。我们认为，既然学术专著是科研成果的展示，本身就具有很强的学术性，属于科学研究成果，有必要将其纳入科学研究成果的考评之中，而这本身也必然会调动广大教师的积极性。第四是选题的自由探索性。我们认为，管理与经济学科在中国得到了迅速的发展，各种具有中国情境的理论与现实问题众多，可以研究和解决的现实问题也非常多，在这个方面，重要的是发动科学家按照自由探索的精神，自己寻找选题，自己开展科学研究并进而形成科学研究的成果，这样的一种机制一定会使得广大教师遵循科学探索精神，撰写出一批对于推动中国经济社会发展起到积极促进作用的专著。

　　本套论丛的出版得到了科学出版社的大力支持和帮助。马跃社长作为论丛的负责人，在选题的确定和出版发行等方面给予了自始至终的关心，帮助学部解决出版过程中的困难和问题。特别感谢学部的同行在论丛出版过程中表现出的极大热情，没有大家的支持，这套论丛的出版不可能如此顺利。

大连理工大学管理与经济学部

2014 年 3 月

目　　录

第1章 绪 论

1.1 项目驱动型组织的由来

时代在发展，企业面临的环境发生了深刻变化。首先体现为生产技术的进步。在整个社会生产能力并不充分时，整个经济处于短缺状态，市场是卖方市场，企业的任务就是按已有的生产技术低成本地大量生产；而生产技术的快速发展促使市场供应能力提升，市场竞争愈加激烈，逐渐变为买方市场。其次体现为信息技术的推动。信息技术使企业和消费者之间的信息不对称性迅速降低，企业满足具有特定偏好和需求的个体消费者成为可能。最后，由于生产技术和信息技术的发展，顾客需求呈差异化、个性化特点，消费者希望企业按照自己的需求来提供产品和服务。

现代企业组织作为一个有机的开放性系统，只有与外部环境的变化相适应，才得以生存和持续发展。当外部环境发生变化时，企业组织的系统功能也随之改变。过去的一个世纪恰恰见证了伴随市场环境的改变组织系统功能导向的演变历程。20世纪伊始，西方发达国家在工业革命的推动下进入大生产时期。面对社会物质的极度匮乏，企业需要提高生产率、提高产品产量，以满足人口迅速增长的基本物质需要。企业管理者和一些管理领域的研究人员全力探索提高生产效率的方法。最为显著的是以泰勒为主引发的科学管理运动，将精确、科学的管理思想运用到生产车间中，为每一项工作设计标准、高效的程序，选择能力最为匹配的工人，以"计件工资"的方式激励他们提高产量。企业的生产效率得到了提升，随之而来的问题是量产后的质量保证。众多企业为了区别于其他竞争对手，开始标榜自己产品的质量，将质量作为企业赢得市场竞争的重要卖点。这一时期推崇的管理思想是聚焦优势产品和实施一体化，从而促使企业在特定的产品领域中深耕细作，在提升质量的同时保证一定的规模效应。从20世纪80年代开始，市场的关注点开始向多样化转移。消费者希望自己所获得的产品或服务是与众不同的，那些标新立异、追求个性的产品和服务受到追捧。制造企业通过引入柔性制造系统解决了这一难题，保证了企业在提供多样性产品的同时，仍然能够保持质量和规模。20世纪90年代以来，随着经济全球化进程的深入和信息网络技术的突飞猛进，企业面临的环境发生了深刻变化。市场已经完全从卖方市场转变为买方市场。消费者并不满足于企业提供的产品和服务，而是要求企业按照自己的需求来提供产品和服务，他们希望这些产品和服务能够物超所值，满足自己的多方面的功能需求。这要求企业从更广泛意义上实现更高的柔性目标。

企业战略关注点从效率到质量再到柔性，而与此相适应，组织结构和形式也发生了相应的转变。在追求效率的年代，官僚组织因其细致的专业化和强有力的等级控制体系，为企业提供了一种高效、稳定的业务开展环境。当企业所处环境越来越不确定时，官僚组织的优势逐渐消失，反而成为限制组织响应变化和灵活重构的阻力。为了在新环境中获得竞争优势，现代企业不得不探索新的组织管理方式来适应不断变化的环境。由于产品生命周期越来越短，一种产品从创意到退出市场的全过程也就具备了项目特性，可以当作项目来管理；而产品的生产组织过程也因为顾客需求的个性化和外协生产方式的采用，使传统的作业业务日趋具备了项目的特性。如此一来，针对客户独特需求、提供定制产品或服务的基于项目的管理应运而生。这种管理方式带来的灵活性与自治性有助于企业快速应对变化的市场和技术环境，被越来越多的企业所重视和采用。基于项目的管理逐渐成为现代企业一种新的战略选择，很多企业把项目应用于更大范围的业务流程中，将项目作为组织发展的主要驱动力，在项目的管理运作中实现企业的生存与发展[1]。

事实上，项目和作业是现代企业发展过程中密切相关的两类活动，项目是临时性、一次性的活动；作业是连续不断、周而复始的活动。所有组织都是由项目或作业驱动的。在客户需求个性化特征日益明显的今天，由于为每个客户提供独特的产品或服务都可以视作一个项目，我国大量企业将实现客户价值的过程转化为一个个项目目标的完成，项目驱动的特性越来越明显。企业通过项目驱动转型，在企业内部建立以项目为基础的组织，将传统的等级结构转变为建立在项目团队之上的横向集成结构，使组织能够更加灵活地快速响应外界变化[2]。这种新型企业组织形式就是项目驱动型组织，而这些企业被称为项目驱动型企业。

本书的研究主体是项目驱动型组织。项目驱动型组织中工作开展和资源配置以项目为中心，项目是创造价值和实现企业战略的基本单元。据项目管理协会（Project Management Institute，PMI）2012年统计报告，截至2012年，全球已经有超过55%的经济业务以项目的方式开展，项目驱动型组织发展成为一种新的通用组织形式[3]。对于这一类企业或组织的名称，英文文献中并存着"project-based company"（PBC）[4]、"project-based organization"（PBO）[5]、 "project-oriented organization"（POO）[6]和"project-oriented firm"（POF）[7]等众多叫法，国内文献也有"项目型企业"[8]、"项目导向型企业"[9]、"项目驱动型企业"[10]、"项目导向型组织"[11]、"项目驱动型组织"[3]等多种称谓。本书在追溯现有文献对不同定义的内涵界定及区别的基础上[12]，结合我国企业项目管理发展的现状，认为国内企业普遍保留职能性协调的项目管理现状，项目更多的是企业转型的驱动力和发展方向，所以，"项目驱动型企业"相对而言更能贴切地表达国内项目管理企业的发展现状。不同企业实现项目驱动的程度是不一样的，可能对于企业整体而言是项目驱动的（如建筑企业），也可能企业的局部单元是项目驱动的（如汽车企业中的研发中心），而本书是面向个体企业单元的，因此书中的"项目驱动型企业"或"项目驱动型组织"均是指单个企业的组织整体层面。两者在本书中的内涵完全一致，理论综述和分析中更多地采用"项目驱动型组织"，而实践问题阐述和分析中更多地采用"项目驱动型企业"。本书对项目驱动型企业（组织）的界定建立在 Huemann 等[13]的研究综述和认识基础上，将项目驱动型企业（组织）的内涵概括为"基于项目进行管理，采用临时性项目团队来执行一次性、独特性的项目工作，而且有明确的永久性组织行使综合职能"。

1.2 项目驱动型组织中柔性和效率的悖论

目前，我国多数项目驱动型企业仍处于项目驱动转型的过程中，为了实现成功转型和保持竞争优势，企业一方面要提供个性、定制的服务和产品，对顾客需求做到快速响应、灵活应对；另一方面又不能失去成本优势和发展的持续性，需要顾及内部的规模效应、集成效率。因此，企业面临强化效率和提升柔性的双重挑战。而多数企业却在处理组织柔性和效率的关系问题上陷入了无所适从的盲目境地。一部分企业，在实行项目运作方式后，放弃了原有职能的制度体系，整个组织分散成不同的项目组织单元，如此的过度柔性使企业一度陷入混乱状态；另一部分企业，依然延续传统职能管理模式来运作项目业务，职能间的沟壑严重阻碍了项目的协调和及时响应，项目的完成情况不尽如人意。这些"迎合形势，行为冒进"的激进派和"治标不治本，换汤不换药"的顽固派在国内企业中普遍存在。这些问题从根本上都源自对组织中柔性和效率关系的处理不当。

组织柔性和效率的关系研究是组织领域的重要议题之一。学者们普遍认为，组织重视效率，形成组织流程的标准化，一定程度上会损害组织柔性；而组织注重柔性则组织的标准化程度会受到影响，标准化形成的优势也会随之消失，如产生规模效应。Adler 等指出，效率的实现有赖于高水平的标准化、正规化和专业化，而这些官僚式行为会遏制组织内相互调适的动态过程，进而影响组织柔性[14]。因此，组织柔性和效率的这一关系被称为"组织柔性和效率的悖论"，并被描述为组织管理的核心悖论之一[15]。

这一悖论在项目驱动型企业中表现得尤为突出。现有研究普遍认为项目驱动型企业是动荡复杂的市场环境下的适应性产物[16]。项目驱动型企业依靠临时性的项目团队，灵活、不固定的组织方式，最大限度地实现了组织柔性，有利于应对市场和技术带来的不确定性[17]。在推崇组织柔性化的研究中，项目驱动型组织被视为一种能够实现组织柔性目标的柔性组织形式[18]。这类组织的重要特征是"即兴创造""点对点响应"，组织不被先前结构或惯例所沉淀的记忆束缚，而是处于不断地重新设计和创造自身的过程中[19]。基于这些研究结论，项目驱动型组织的关注点弱化了劳动分工、标准程序、一致性规则等带来的效率优势，更加强调灵活、自治、"即兴创造"所带来的柔性优势。为了迎合日趋复杂多变的环境，部分学者甚至提出，在这些柔性组织中，固定的操作模式和流程将不复存在，组织的内外边界将逐渐消失[20]。然而，这种柔性优先的观点引起很多企业管理者和学者的质疑。他们认为，组织系统建立在经过筛选的、能够降低内部复杂程度的制度和惯例基础上，而倡导持续变化和毫无模式的"即兴创造"的柔性理念，忽略了组织建立的本质。Turner 和 Lee-Kelley 认为，过度热衷组织柔性而忽略组织效率的倾向并不可取，即便在动态复杂环境中，组织效率对组织也同样重要[21]。项目驱动型组织既需要具备灵活、快速的调整能力以应对多变的环境和顾客需求，又需要足够的效率来保证战略性方向和内部协调，避免失误。组织柔性的缺失意味着组织临时合作功能的不完善，无法快速响应顾客需求的变动，影响顾客满意度；而一味追求柔性忽视组织效率，组织的稳定性会受到干扰，组织将因缺乏积累和沉淀而缺乏发展后劲，损害组织长期利益[12]。

对于我国企业而言，项目管理刚刚普及，绝大多数项目驱动型组织是从传统组织转型而来，职能分工、规章制度等依然是组织运行的基础。要想在顺应环境需求的同时保持稳定持续发展，项目驱动型组织必须在柔性和效率之间进行谨慎的权衡与抉择。处理不好两者的关系，项目驱动的组织转型过程要么会因为追求理想的柔性目标而陷入混乱状态，要么会因为坚守标准和职能边界而影响项目协调和及时响应。

那么项目驱动型企业如何能够提升柔性的同时又不损失组织效率，使两项工作能够同时、协调开展？这一问题尚不能在现有研究中找到系统的理论解答，但有关组织柔性和效率的悖论研究已经得到了广泛的关注。一部分研究成果从二元性的视角加以呈现，基本结论是组织既需要柔性又需要效率，组织管理的重心不是如何在两者间取舍，而是通过组织设计寻求一种均衡，将两者同时包容在组织系统之中[22]。二元性研究通过对结构、情境或领导行为等因素的管理，在各种相互冲突的行为之间寻求一种平衡，从而实现对柔性和效率的悖论管理的目的。这一思路超越了传统的非此即彼的观念，引导企业寻找一个鱼和熊掌可以兼得的解决方案，对于身处激烈竞争的企业而言，无疑具有重要的指导意义。然而，Schreyögg 和 Sydow 指出了其中的弊端，认为二元性的思路主要是将组织层面的矛盾问题转化到了子单元或组织成员层面，而在低一层次上问题仍未得到解决[23]。他们强调寻求柔性和效率的均衡，既不能将两者割裂，又不能过分依赖个体，要发展一个从最开始就将柔性和效率的对抗过程包含在内的组织框架。Eisenhardt 等也对二元性理论提出改善意见，认为处理柔性和效率的矛盾关系，应该考虑环境动态性的影响，从组织的微观基础入手，分情境探讨组织结构设计在二元性均衡中的作用。从他们的观点和结论中不难发现：现有研究的缺陷在于更多采用了一种截面、静态的看待问题的方式，缺乏系统和动态的思考[24]。组织设计关系着破解效率与柔性悖论困境的根本，因此发展可以包容矛盾的组织设计框架，进而系统、动态地设计组织的结构与行为是解决组织柔性和效率悖论的明智之举。

1.3　本书的研究思路与内容结构

1.3.1　研究问题与研究思路

本书聚焦的关键点是对项目驱动型企业如何处理柔性和效率之间的悖论，实现组织在柔性和效率两大目标之间协同演化的机制分析。遵照 Eisenhardt、Schreyögg 和 Sydow 的思路指引，本书尝试将项目驱动型企业组织柔性和效率的悖论问题放到系统分析的视角下来研究，结合组织系统协同演化的观点，从组织设计的本质上揭示柔性和效率的关系演变，进而为组织解决这一悖论问题提供系统思路。为完成这一目标，本书所要解决的关键问题包括以下几个方面。

（1）项目驱动型企业中组织柔性和效率悖论的本质是什么？组织柔性和效率的实现所依赖的组织基础有何差异？如何从系统的角度解释这一悖论的生成？

（2）项目驱动型企业能否在组织柔性和效率两大目标之间实现协同演化？所依赖的影响因素和组织条件是怎样的？

（3）项目驱动型企业如何实现组织柔性和效率的协同演化？所经历的作用过程和动力机制是怎样的？

围绕以上问题，本书以项目驱动型企业组织柔性和效率的协同演化为研究对象，基于系统和协同演化的观点展开研究，研究思路可以概括如下。

首先，本书对项目驱动型企业组织柔性和效率悖论问题的研究，强调组织设计的系统观点。柔性和效率作为组织系统的一对功能指标，必然有相对应的要素与结构作支持，也一定同特定的环境相匹配。因此，本书的首要任务是构建包含柔性和效率双重战略目标的项目驱动型组织设计的系统模型，探索这一系统情境下"功能—要素—结构—环境"的内涵及关系特征，为项目驱动型企业组织柔性和效率的协同演化奠定系统基础。

其次，在项目驱动型企业组织柔性和效率的系统框架下，本书强调柔性和效率的协同演化。组织柔性和效率作为项目驱动型企业面临的一对矛盾需求，我们认为它们既对立又统一，既存在相互作用又可以相互转化，既存在相互竞争又可以相互协同。解决柔性和效率关系悖论的关键是组织系统在与环境的互动中实现柔性和效率功能之间的协同演化。为了探究如何实现柔性和效率的协同演化关系，本书一方面发掘实现项目驱动型企业组织柔性和效率协同演化所需具备的环境和组织条件，为项目驱动型企业组织柔性和效率的协同演化奠定条件基础；另一方面探究项目驱动型企业组织柔性和效率协同演化的具体作用动力和过程，分析过程中的相互作用关系，阐明项目驱动型企业组织柔性和效率协同演化的动力过程机制。

最后，基于对组织系统中这一作用机制的分析，从实现层面上对项目驱动型企业组织柔性和效率协同演化进行分析，构建项目驱动型企业组织柔性和效率动态演化的实现模型。

本书的研究思路如图 1.1 所示。

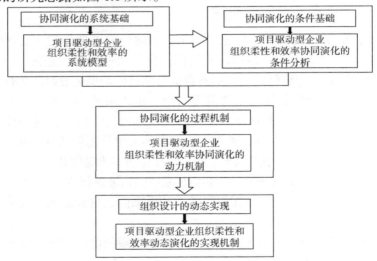

图 1.1　本书的研究思路

1.3.2　研究内容与结构

本书以项目驱动型企业如何实现组织柔性和效率协同演化为核心，分别从理论基础、系统模型、演化条件和动力机制等方面展开阐述。本书主要研究内容如下。

第1章，绪论。从国内企业管理实践正在发生的现象分析出发，提出本书所聚焦的研究问题；然后，提出本书的主要研究目标与研究思路、研究内容及结构等。

第2章，项目驱动型企业组织柔性和效率的关系概述。梳理了国内外对项目驱动型企业组织柔性和效率悖论管理的相关研究进展，对项目驱动型组织和组织柔性与效率的基本概念、观点等进行阐述。

第3章，项目驱动型企业组织柔性和效率的系统模型。首先，基于文献对比分析，在传统组织系统要素研究的基础上，提出项目驱动型组织"系统—要素"的初始概念模型，并以柔性和效率作为系统的两种功能，构建项目驱动型企业组织柔性和效率的系统分析框架；其次，采用焦点小组和半结构化访谈的方法获取定性数据，支持对项目驱动型组织柔性导向和效率导向的系统分析；最后，在数据分析以及与现有理论对话的基础上，详细阐述以柔性和效率为双重目标的项目驱动型组织系统中，环境、功能、要素及要素间关系等的具体内涵，进而构建项目驱动型企业组织柔性和效率的系统模型。

第4章，项目驱动型企业组织柔性和效率协同演化的条件分析。首先，在对系统演化、企业组织演化的条件分析基础上，提出项目驱动型企业组织柔性和效率协同演化的条件分析的基本框架；其次，采用多案例研究方法，对多个企业分别进行案例内分析和跨案例分析，通过案例内分析探索研究各案例企业柔性和效率协同演化的状况，通过跨案例分析归纳提炼影响柔性和效率协同演化的相关因素和条件；最后，基于案例分析结论构建项目驱动型企业组织柔性和效率协同演化的条件模型。

第5章，项目驱动型企业组织柔性和效率协同演化的动力机制。首先，在对组织系统发展演化的机制进行分析的基础上，提出项目驱动型企业组织柔性和效率协同演化的动力分析框架。其次，采用纵向性案例研究方法，对两家项目驱动型企业组织柔性和效率协同演化的实践经历进行跟踪和调查，一方面借助时序分析技术，总结柔性和效率协同演化的动力作用过程；另一方面借助关键事件技术，归纳提炼柔性和效率协同演化的具体作用关系和作用机理。最后，在数据分析和理论探讨的支持下，构建项目驱动型企业组织柔性和效率协同演化的动力模型。

第6章，项目驱动型企业组织柔性和效率协同演化的实现机制。首先，从系统思想、矛盾思想和权变思想三个角度，分析这些基本思想在本书中发展得到的内涵诠释和管理启示；其次，基于这些思想启示，从系统的思维转换机制、矛盾的降阶转化机制和权变的组织设计机制三个方面，详细阐述项目驱动型企业组织柔性和效率协同演化的实现机制。

　　本书的各章节之间紧密联系、环环相扣，围绕同一个问题逐级分层展开研究，研究内容之间的关联如图 1.2 所示。

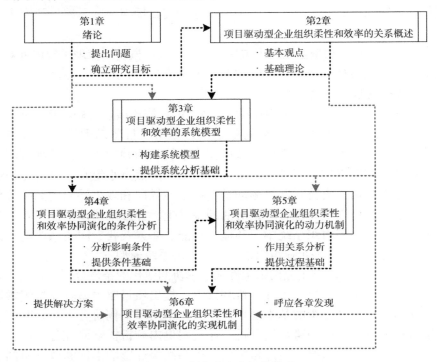

图 1.2　研究内容之间的关联

第 2 章 项目驱动型企业组织柔性和效率的关系概述

2.1 项目驱动型组织

一种新型管理模式的应用离不开相适应的组织平台,在项目管理思想和方法得到普遍推广的同时,对适宜项目的组织形式和管理方式的研究也引起广泛关注,学术研究和企业实践领域都在不断地进行着探索。国际上,欧美发达国家在项目组织的研究方面较为领先,研究成果已粗具规模;中国对项目组织的认识较晚,目前也只有部分学者开始了初步的探讨。总体而言,伴随项目管理的普及,项目组织研究受到国内外学者越来越多的重视。

2.1.1 项目驱动型组织的研究历程

为了掌握国际上项目驱动型组织的研究历史,在 Web of Science[SM] 检索平台中,以"project-oriented organization""project-oriented company""project-oriented firm""project-based organization""project organization"为主题词检索,时间限制为1997年至2015年,得到867个结果。项目驱动型组织文献在1997年至2015年间的数量分布图如图 2.1 所示。根据对 867 条数据进行文献研究的结果发现,可以将项目驱动型组织的相关研究进程大致分为三个阶段:1997~2001 年,每年仅有零星的文献出现,研究内容主要集中在为什么和是否需要建立项目组织上,是对项目组织的初步认识阶段;2002~2005 年,随着项目管理实践的普及和重要性的不断显现,学者们开始探讨如何界定项目组织及应该建立怎样的项目组织,进入项目驱动型组织的内涵界定阶段;2006 年开始,项目驱动型组织研究迎来了发展高峰期,根据这一期间的聚类分析结果,又可以分为知识和创新主题、网络结构主题及方法论主题,呈现出多样化的理论发展阶段。

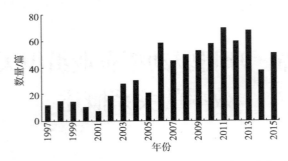

图 2.1 项目驱动型组织文献 1997~2015 年数量分布图

1. 初步认识阶段

Middleton 于 1967 年发表在《哈佛商业评论》上的 "How to set up a project organization" 一文，是对项目组织最早的系统阐述。当时，社会上开始出现一些企业，将某些特殊的任务，如开发新产品、建立新工厂或者进行新业务领域的市场开发，分配给一种特殊部门而不是日常职能部门。Middleton 在深入调查和总结了这些现象后，认为这些企业是通过建立项目组织来执行独特性任务并取得成功的。这种独特性任务通常是企业在较长一段时间内所重点强调的，受到了高层管理者的格外关注。Middleton 将可以通过建立项目组织来有效应对的一次性、独特性任务的特点归纳为四点：第一，有可明确的特定目标；第二，对现存组织而言是并不常见、独特的或者不熟悉的工作；第三，完成任务的过程存在大量相互依赖的工作从而增加了任务复杂性；第四，由于可能给企业带来损失，所以对企业至关重要[25]。

同时，正是因为这些任务具有以上特质，项目组织才有了建立和存在的必要性。部分学者对项目组织建立的前提作出了探讨，认为在建立一个项目组织之前，企业应该对自身的工作性质和需求本质进行评估。通过评估，企业可以找到目前组织中可能阻碍项目管理顺利实施的问题，这些问题有可能来自组织结构，有可能来自工作流程，不同的企业会有不同的问题出现。只有明确了组织的问题所在，才能针对性地建立项目组织，赋予项目组织特定的职能，来弥补现有组织中已知或可能存在的不足。对此，Kast 和 Rosenzweig 认为，组织的规模是由分配给它的组织职能的类型和范围所决定的，公司应该建立满足最低需求的项目组织[26]。Kolodny 总结出四种组织形式的匹配，分别是职能型、项目型、产品型和矩阵型，其中，项目型组织的匹配优势在于应对市场的不确定性和客户的差异化[27]。

在争论是否需要为实施项目而特意组建项目组织时，成本问题是必须考虑的因素。部分学者认为，当相应的职能在项目组织和职能部门或其他项目组织中同时存在时，资源的利用率会降低，成本就会随之增加。在一些企业中甚至当任务已经转移到项目组织时，职能部门仍保持原有的人力水平，从而造成一些毫无根据的成本。其他学者指出，在建立项目组织的过程中，因新增有形设施和无形管理，以及减少劳动力的利用率而增加的成本是不可避免的，因为某些职能工作一旦被分解，则会导致效率的丧失，如企业的规划、预算和合同管理等职能，很难清楚划分至个别项目，而且绩效是很难评估的。

但是，大多数学者仍然坚持，项目组织建立所带来的成本增加远远小于其给企业带来的收益水平。Thamhain 指出，项目组织可以在采购、设计、工具和制造等方面降低成本。调查显示，在一个项目组织中进行采购管理所带来的绩效改进足以弥补正常的项目组织运营成本。在项目管理模式下，企业的任务和预算可以得到更好的界定，变更可以更好地控制，绩效可以更好地监控，管理措施会更加及时地预防或解决问题，从而使企业运行更好地控制成本[28]。

当然，项目组织对企业的影响不止在成本方面，组织结构、日常运行流程都在建立项目组织的过程中发生了改变。Spirer 和 Hamburger 发现，一个企业对比其在建立项目单元之前，会增设很多组织结构和管理职位，但员工人数实际上并没有太大变化；每一管理层级上的员工数量会减少，管理人员数量会增加，尤其是一线监督管理人员[29]。学者们还分析了项目组织的建立可能带给企业的其他一些影响，如项目的优先级和人才的竞争可能干扰组织的稳定性，扰乱职能组织的传统业务进而干扰组织的长期利益；企业过多地满足进度计划和临时项目的要求，有可能会损害公司的长期规划；员工在项目之间不断转换，可能影响企业对新人和专业人才的培训，从而阻碍员工在其专业领域的进步与发展；另外，在一个项目上得到的经验很可能无法传递给其他项目[30]。总之，所有这些对项目组织可能存在的问题的分析，都对项目管理研究和企业实践起到了很好的参考作用。

整个对项目组织初步认识阶段的研究成果，虽然没有深入、系统地探讨项目组织的结构和管理，但对大多数项目组织问题都开始涉及、关注，为后来的项目组织研究奠定了基础。

2. 内涵界定阶段

项目组织的最初原型可以追溯到 Mintzberg 提出的"临时委员会组织"（adhocracy），这种组织形式提倡岗位专门化，工作的开展依赖所有部门的协同作用，通过矩阵式结构将职能和项目联系起来，设置项目经理、信息系统等沟通渠道，在横向和纵向两个维度上，有选择地采用分布式结构。为了更加明确地界定不同组织形式，Galbraith 描述了一系列的组织演变形式，从纯职能组织到纯产品组织。这里的纯产品组织是指每个组织集中关注某种产品或服务，本质上相当于项目组织。在 Galbraith 的基础上，其他学者又给出了项目组织的三种不同矩阵形式：第一种是职能矩阵，此时项目经理的职责是协调资源，监督进度，向多个职能部门经理汇报；第二种是平衡矩阵，每一个项目的权力和职责由职能经理和项目经理共同承担；第三种是项目矩阵，项目经理在人事、财务和其他资源上有控制权[31]。

　　Gareis 于 1991 年提出项目驱动型企业的概念，认为对于新型的项目驱动型企业而言，基于项目的管理是企业的核心管理战略，企业通过管理临时性组织来实施不同类型的项目，以应对动态经营环境中的新挑战[32]。Turner 在 *The Handbook of Project-based Management：Leading Strategic Change in Organizations* 一书中，提出了基于项目的组织的概念和模型，以开放的视角界定基于项目的组织为由业主方集中资源并激励利益相关方在协作的氛围中实现各自目标的临时性组织[33]。DeFillippi 和 Arthur 认为基于项目的企业是在临时项目组织的环境中管理生产功能，如文化产业（电影制作和影院）和专业服务（公共关系及活动管理）领域，企业的运营主要围绕一项项客户定制产品或服务[34]。Lindkvist 则提出项目驱动型企业采用项目模式来执行大部分企业活动，并在结构和流程方面赋予项目部门高于职能部门的优先权[35]。

　　为了充分理解不同类型项目组织的本质区别，Hobday 根据项目在组织运营中的主导性作用，开发出了六种组织形式，从职能组织一直过渡到基于项目的组织，分别为职能组织、职能矩阵组织、平衡式组织、项目矩阵组织、项目驱动型组织和基于项目的组织。而且，他重点阐述了项目驱动型组织和基于项目的组织之间的区别：项目驱动型组织中，企业决策和战略性管理主要依赖于项目，职能部门带来的影响甚微，但项目实施过程中还是存在一些职能协调；基于项目的组织中，项目是企业协调和集成所有重要业务职能的主要机制，企业在项目实施中并不涉及正式的职能沟通[36]。这里的基于项目的组织是纯粹的项目组织，目前来看还是一种较为理想化的组织形式。Meredith 等对这种纯粹的项目组织形式进行了探讨，认为纯粹的基于项目的组织从其母公司中彻底分离出来，成为一个具备行政体系、技术人员、运营流程等的独立单元，它与母公司间仅依靠定期进度报告维持着联系。一些母公司会对其行政、财务、人事和控制流程等的设计有具体要求，但大多数都是给予项目公司完全的自由让其自行处理[37]。Thiry 和 Deguire 提出不是所有运行项目的企业都必须成为纯粹的项目组织，它们更多的是成为项目驱动型组织，从只服务一个项目的独立部门，到同时运行很多项目的大型企业[12]。

　　而大多数学者倾向于从广义层面上界定项目驱动型组织，对不同的叫法之间的差别并不做区分。从本质上来看，项目是一种临时组织形式，项目驱动型组织天生就是灵活和可重构的，它的项目组织的特性是相对于那些集成等级式以及具有核心刚性的组织而言的。广义上，项目驱动型组织根据项目的需求来组织它的结构、战略和能力，有时甚至需要跨越传统的产业和组织边界。因此，项目驱动型组织可以是一个完整企业（如建筑、咨询和专业服务），也可以是嵌套在大公司下的附属公司或部门；可以是由多个企业组成的财团，也可以是涵盖若干支持性职能领域的组织网络[38]。Huemann 等在综述了当时对于项目驱动型组织的主要观点后，认为项目驱动型企业通常采用基于项目的管理作为组织的战略，在组织中运行项目或项目群，有特定的永久性组织来提供综合职能，并将自身视为是项目驱动的[13]。Hyväri 认为项目驱动型企业的主要操作模式是根据客户的需求对那些大型的生产和服务工作（如建筑和工程项目）进行量体裁衣[39]。因此，设计并匹配与特定企业管理环境相适宜的基于项目的组织形式才是未来项目组织研究的关键所在。

　　3. 理论发展阶段

　　随着项目管理在全球范围内得到快速普及，项目管理向多项目和组合管理发展，项目经理的管理角色越来越明显，项目管理办公室（Project Management Office，PMO）作为一种新型组织形式也开始流行。很多企业已经从传统的矩阵式组织结构转变，开始增设项目管理办公室和运行项目组合管理的组织结构。项目管理办公室的作用类似于传统的质量部门，负责监控项目绩效、开发项目管理方法和能力，以及在不同项目间分配资源。在项目组织模式逐渐走向成熟之际，部分学者对此提出了疑问，认为目前这种基于项目的组织结构似乎是简单地用项目管理取代了原有的职能管理，两者本质上并没有太大的区别，项目组织也因此而失去了其本该有的灵活和动态特性[40]。

　　近些年，大量的项目组织研究开始从这种嵌套式的项目管理向更高的战略层面转移。人们开始意识到将项目与战略进行联系的重要性，从组织和战略层面上探讨项目的理论和实证研究不断出现，如项目管理中的人力资源管理，项目灵活性与企业对项目控制之间的平衡，个人项目知识的转化等问题。项目管理一贯坚持的工程和系统分析视角，也开始引入并结合社会科学理论进行分析。

　　而在项目管理长期发展中，累积的各种矛盾也是本阶段学者们关注的重点，其中较为突出的就是项目方法固有的灵活性和企业对项目实施的严格控制之间的矛盾。Staadt 指出，现实组织环境是复杂的，而且彼此间完全不相同，传统项目管理研究试图对项目组织和管理知识进行概括，以形成指导思想和行为规则的做法并不可取[41]。他认为项目管理中的线性模型并不足以应对现代组织中复杂的情形，现实中企业应该建立风格各异的项目组织形式，来应对他们自身所面对的机遇和挑战。Bakhshi 等从复杂性角度作出了探讨，并提出项目的复杂性要求组织不断地创造新的组织结构来满足每个项目的特殊需求[42]。Salunke 等也认为，如果制定出标准的项目治理模型，那么项目驱动型组织所具备的主要优势——应对随时发生的情形和快速响应顾客需求变化的能力——就会被削弱，这与企业的长远利益相悖[43]。

在上述学者的推动下，知识和创新成为项目组织研究领域的热点话题。Ford 致力于探讨如何管理项目中的创新，认为只有通过企业中项目和业务流程之间的集成，才能提升技术能力，在创新上取得效率[44]。Whitley 认为，基于项目的组织中，需要供应商、监督方和专业团队共同工作，而且用户参与度高，经常要与客户协商进行新产品的设计，这是刺激创新产生的关键[45]。对于项目知识和学习的研究，Alashwal 和 Abdul-Rahman 基于三种学习过程，提出了项目间的学习机制，并认为这样的机制可以适用于基于项目的企业的不同层次[46]。Lech 认为，项目组织必须进行系统和有效的知识管理，这样才能防止知识的分散和组织学习的缺失，并且识别了项目阶段中存在哪些知识，以及如何实现阶段间的知识转移[47]。Brady 和 Davies 则建立了一个项目能力培养模型，该模型由两个相互作用的学习层面组成，其一是新项目探索阶段的自下而上、项目主导的学习，其二是组织形成战略决策过程中自上而下、业务主导的学习[48]。

项目组织的网络视角也引起了学者们的兴趣，并逐渐形成了一系列连贯性的研究成果。Sydow 等认为，项目网络是供职能上相互依存但法律上独立的企业和个人进行生产和交换的一种组织形式。虽然这些网络有时间限制，但基于过去的经验和对未来的期望，网络内的活动可以协调开展[38]。此外，Sydow 通过对德国电视制造产业的分析，发现项目网络在不同的实践环境中具有不同的发展和生存能力[49]。Grabher 提出，社会网络、地区和机构是产生基于项目的组织的必不可少的来源，而这些社会环境是项目组织赖以生存的项目网络[50]。项目网络理论不但将项目提升到组织战略层面，而且超越组织边界，将组织外部资源也纳入提升竞争力的考虑范围之内。

此外，案例和质性研究方法在项目组织研究中的重要性逐渐凸显。由于大量项目管理和组织理论仍处于探索阶段，以实践为基础的理论归纳方法是研究的主要途径。因此，大量学者在探讨项目组织问题时，采用了通过案例或扎根理论来构建理论的研究方法[51]。而这种质性研究方法尤其适合于新问题和新领域的研究，所得到的理论通常是新颖的、待检验的和经验导向的。整个研究过程与数据密切相关，是高度迭代的，因此具有一定的说服力，对推动项目组织研究领域的不断突破和创新提供了重要动力[52]。

2.1.2 项目驱动型组织的基本内容

国内大量的项目管理研究仍集中在对项目管理工具、方法体系的开发和应用上，将项目管理从组织和战略层面上加以分析的文献并不多，项目驱动型组织的研究尚处于起步阶段。这一方面说明对项目驱动型组织的研究仍是项目管理领域的一个新主题；另一方面也看出，国内大量研究采用"项目组织"的模糊术语，对项目驱动型组织的内涵界定并未达成规范一致的认识。部分研究者针对项目驱动型组织进行探讨，如焦军毅从利润来源的角度对项目驱动型组织进行了定义，认为项目驱动型组织是通过一系列前后相接的项目的起始终结的动态过程来实现企业的利润增长[53]。朱方伟和宋琳对比分析了项目驱动型组织和作业驱动型组织的特征，从两者的差异出发对项目驱动型组织的内涵进行界定，认为项目驱动型组织采用的是顾客需求导向的生产服务模式，收益和成本核算单元以项目为主，通过计划、协调等方式组织资源和完成项目目标[54]。

　　国内现有研究成果普遍是针对项目组织中的管理和实践问题，并未对项目组织类型进一步区分，因此这些研究成果同样能够反映项目驱动型组织研究的进展情况。目前国内项目组织研究的关注领域主要包括项目组织中的创新问题、项目组织结构和治理机制、项目组织中的人力资源管理及项目组织中的知识管理等。

1. 项目组织中的创新问题

　　对于项目组织中的创新问题研究，戚安邦及其带领的团队作出了重要贡献。他们认为，项目导向型组织是一种适合创新的组织模式。我国目前处于建设创新型国家和创新型企业的关键时期，迫切需要适合我国国情的项目组织理论和方法的指导。基于此，戚安邦等对知识经济和创新型国家建设中，我国项目导向型组织和社会的基本构成与作用机制展开了全面探讨[55]。戚安邦和于波从发现我国企业自主创新过程中存在的组织体制和管理机制的问题入手，提出了一系列面向自主创新的项目导向型企业所需的集成模型和方法[56]。顼志芬就如何建立并评价适合创新的项目导向型组织模式进行了详细阐述，她认为，从企业组织层面建立适宜创新的组织管理模式对企业创新的成功开展十分关键，而项目导向型企业天生是有利于创新的组织形式，在一定程度上可以克服企业组织变革和创新的障碍[57]。

2. 项目组织结构和治理机制

　　组织结构和治理机制是项目组织形成和发展的基本问题，丁荣贵等在分析项目导向型企业组织机制存在的常见问题的基础上，对项目导向型企业组织内部关系进行了梳理，提出了以流程为载体、以角色为基础、以绩效评价为驱动力的组织机制[58]。卢向南和朱祥松认为组织结构的设计是项目导向型企业赖以存在的基础，基于对企业项目化经营的观察，他们提出了针对项目导向型企业组织结构设计的提议[59]。李文探讨了传统组织结构对项目驱动型企业的阻碍，认为这些企业应该寻找到适合自身的项目化组织模式[60]。侯海东等则在对一系列组织结构模式演变的讨论基础上，提出项目导向型企业组织结构模式是适应知识经济下社会环境变化并有助于提升企业核心竞争力的组织形式[61]。朱方伟和宋琳在探讨项目驱动型企业组织管理环境的同时，提出建立能动的组织结构与分权体系对国内企业项目化顺利转型的重要性[54]。刘广平等的研究体现出国际最新研究动态，关注作为孵化器的职能组织与创业型的项目组织间的平衡关系，并基于这种关系构建出项目导向型组织的结构设计与运行机制[62]。

3. 项目组织中的人力资源管理

人力资源管理是项目组织研究中的一个新热点，这体现出国内项目组织研究开始对组织管理问题的重视。焦军毅从战略层面出发，提出项目驱动型企业管理对人力资源的依赖[53]。刘广平将人力资源视为项目导向型组织战略目标实现的重要因素之一，通过对项目管理模式下员工压力的探讨，提出了不同于传统企业的项目导向型企业人力资源管理模式[63]。吴卫红等引入了质量优化模型，对企业的各个项目任务赋予不同质量影响因子，计算出项目配置的人力资源技能水平，通过人力资源的优化配置实现对项目质量的优化[64]。而对于项目组织中的重要角色——项目经理，学者们也表示出极大的兴趣，对项目经理胜任力、项目经理能力指标体系等都进行了大量的理论和实证研究[65, 66]。

4. 项目组织中的知识管理

知识经济下，企业知识管理的重要性得到普遍认可，这同样体现在项目组织研究中。杨玉武在分析项目导向型企业项目知识流的基础上，提出了项目导向型企业项目知识管理的机制[67]。廖媛红认为项目的独特性和一次性致使项目导向型组织的知识大量流失，因此必须从战略、过程及文档管理方面强化项目导向组织的知识管理[68]。贾立伟识别并分析了项目导向型企业中存在知识积累渠道狭窄、知识共享困难、知识流失严重等问题，并针对性地提出相应的改进建议[69]。潘辉和刘广平提出项目导向型企业具有较强的知识创新潜力，并对其知识创新体系和运行机制展开了探讨[70]。

总之，国内项目组织研究选题较为分散，尚未形成系统性的理论成果，针对项目驱动型组织的研究就更为有限。然而，伴随"按项目进行管理"上升为一种新型企业管理模式，项目驱动型组织的适用范围变得越来越广[71]。探讨项目驱动型组织的设计与管理问题，对于支持企业项目实践活动、适应现代动态竞争环境的挑战具有重要的理论意义。

2.2   组织柔性和效率的关系

2.2.1   组织柔性和效率的基本概念

随着市场环境趋于动荡、复杂，追求柔性成为现代企业的重要目标之一。关于柔性（flexibility）的最初探讨来源于经济领域的决策研究，Marschak

和 Nelson 发现柔性虽然需要付出成本，但对于应付未来不确定性却是有用的[72]。与柔性相近的表达还有敏捷性、灵活性等，本书对这些概念不加区分，统一由"柔性"表达。与柔性相对的概念有刚性、机械、效率等，本书中探讨的是柔性和效率之间的关系。通用意义上的柔性被界定为"对变化的环境形成有效响应的能力"，按照研究视角的不同，柔性可以分为组织柔性、战略柔性、资源柔性、制造柔性等。本书关注的是项目驱动型企业组织层面的柔性情况，因此书中所有对柔性的探讨均指组织柔性。在 Krishna 等对组织柔性的综述基础上，本书将组织柔性的内涵界定为"组织系统对环境变化作出快速反应并采取有效应对措施的能力"，具体包含两层含义：首先，从时间角度衡量，组织柔性意味着企业在短时间内作出反应，是一种快速的响应能力；其次，从功能角度衡量，组织柔性意味着企业能够提供多样性的选择，是一种对环境的适应能力[73]。

"效率"最初应用在经济学中，是对一个经济体或市场运作的情况的描述。管理学中引入"效率"一词，将效率作为管理的核心目标之一，并强调"效率"和"效能"的区别。工业大生产时期，有关"效率"的研究空前繁荣，泰勒倡导的科学管理，其目的就是提升效率，而其他学者也将效率视作企业实现竞争优势的重要途径[74]。效率的衡量标准也因研究目标的不同而存在差异，主要包括时间性、经济性、生产性、资源配置、投入产出比等。通常，效率被看作一个时间和成本的综合函数，高效率意味着利用更少的时间和成本完成更多的目标[75]。根据研究视角的差异，效率又可分为组织效率、流程效率、资金效率或人力资源效率等，本书研究项目驱动型企业的组织效率，研究定位在组织系统的层面上，强调的是组织作为一个整体系统的效率，而非局部或者个人效率。在 Koontz 和 Weihrich "组织效率是以最少资源达到目标"的经典定义基础上[76]，本书将组织效率的内涵界定为"组织以单位时间和单位成本最优的系统组织方式实现基本目标和长远发展"，组织效率的实现意味着工作程序的标准化、劳动分工的专业化、组织运行的准确性和可靠性等[77]。

组织柔性和效率间存在悖论的基本假定是组织理论中一个长期持有的观点[78]。管理者必须作出选择，是要将组织设计成适合例行性、重复性的工作，还是要设计成适用于非例行性、创新性工作，还有更多的企业试图同时提高组织柔性和效率。然而，聚焦柔性和效率悖论问题的文献并不是很多，而且多数是通过理论推演来探讨柔性和效率悖论的来源及表现。但是，对于这一问题的背后机理，却在另外一个新兴且热门的研究主题——组织二元性中得到了系统的探讨。组织二元性的文献为类似柔性和效率的组织悖论的产生、作用机理及均衡途径提供了丰富的观点和思路[79]。然而，最新的发展更多的是在挑战传统二元性研究的局限性，试图为柔性和效率如何化解悖论找到更加实际、可行的理论指导。因此，本书从柔性和效率的关系研究、组织二元性相关研究及柔性和效率悖论的最新研究方向三个方面对现有相关研究进行回顾。

2.2.2 组织柔性和效率关系的基本观点

多个领域都曾对柔性和效率作出过不同侧面的讨论，得到众多有关组织柔性和效率的理论观点。系统分析领域的学者阐述了两种类型的组织系统：一种是单回路系统，以预编程序的方式适应环境变化；另一种是更加复杂的双回路系统，低阶的反馈回路可以借助高阶反馈回路来进行重新编程。学者们认为，单回路系统更多的是追求效率，而双回路系统是为了适应和创新[80]。

组织学习领域的研究者将循环回路的思想运用到组织学习研究中，识别出单环和双环两种组织学习方式。他们认为，单环学习是将初始状态视为固定不变的，而双环学习关注的是状态的变化；单环学习是复制性的学习，而双环学习是创新型学习和认知性学习。与单环学习相比，双环学习更适用于动态环境中的企业组织[81]。

经济学家从经济发展的角度关注柔性和效率的研究，Marschak 和 Nelson 从所需要付出的成本的逆向维度，探讨了为了适应各种形式的环境动荡，企业通过调整输出水平而实现的柔性和效率的平衡[72]。其他研究者从组织与市场的存在本质出发，提出组织的经济优势正是来源于特定的有形资产和无形资产投资，否则，组织就失去了存在的强有力的原因。而柔性化的趋势更接近于理想的未成形的市场协调模式，采用同步适应的市场模式的组织很有可能过时并被市场淘汰[82]。

战略管理方面，Heskett 从战略制定和实施的关键序列角度，区分了两种类型的组织，A 型组织是以当前的效率和规则而设计，B 型组织是为创新和柔性而设计[83]。战略管理研究者认为企业必须在一个战略是要通过灵活性实现动态有效性还是通过更严格的纪律实现静态效率之间作出选择。Kortmann 等根据时间的长度将柔性分为操作、战术和战略三个层面。他指出，操作柔性是短期的，表现为组织的程序，允许在序列、调度等方面有高度的变化。战术柔性是中期的，表现为组织的技术，如组织和生产设备，使组织能够应对整个业务周期中的生产速度或产品组合的变化，以及适量的设计变化。最后，战略柔性是从长远来看的，反映出组织如何在未来的选择中定位自己[84]。

运营管理领域，"生产力困境"阐释了生产环节柔性和效率的关系悖论，认为一个生产单元无法同时做到高效（在一个静态意义上）且支持高度创新[85]。而这成为运营管理研究者长期争论和探索的话题，他们开始关注生产力和柔性或者创新的权衡，或者两者在生产绩效中的效益悖反[86]。其中"产品—流程"矩阵就是典型的代表，它描述了通过产品多样性和流程效率之间的紧密对应，从而解决组织中的柔性和效率问题[87]。

组织理论研究中，两类常见的组织类型——机械型和有机型，分别对应着效率优先和柔性优先。其中，机械型组织具有高度专业化、正式化和集中化等特征，有机型组织则有很大的灵活性。组织应根据环境和组织的条件选择适宜的设计方式[88]。Pellegrinelli 等以项目组织为研究对象，提出效率意味着有效地利用知识和能力，而柔性意味着创新和快速响应，而且他们强调开展项目的企业中，可以通过项目集管理创造柔性，项目管理可以保证连贯性、可靠性和效率[89]。Davis 等发现，动态环境的强度会影响效率与柔性之间的平衡选择，而柔性和效率的平衡途径关键在结构上，结构多有利于效率的实现，而结构少会增加组织的柔性[90]。Wilden 等则探究了组织结构的柔性和动态能力之间的关系，并阐明两者之间的匹配需要考虑外部环境的竞争强度[91]。

还有学者从静态到动态的发展中认识柔性和效率的关系。他们认为，静态效率是指对现有产品、流程或功能的改进，而动态效率是对新的产品、流程或功能的发展。静态效率强调的是在固定的初始条件中持续地探索、改进；而动态效率强调不断地发现和更新初始条件[92]。Ghemawat 和 Ricart 指出，提高静态效率的组织设计可能与促进动态效率的组织设计并不一致。因为两种效率所对应的个别组织要素并不一致，而组织对于各要素的一致性要求又进一步强化这种矛盾关系，最终迫使组织分化成不同的系统[93]。后续的研究证明，动态效率的内涵与组织柔性是一致的[94]。

以上是不同的研究领域从不同视角直接或间接地对柔性和效率之间的关系进行的分析。在组织柔性和效率的关系研究的发展历程中，有四篇文章起到了关键的里程碑作用，对于推进人们对组织柔性和效率关系的认识具有重要意义。

第一篇是 Adler、Goldoftas 和 Levine 于 1999 年发表在 *Organization Science* 上的 "Flexibility versus efficiency? A case study of model changeovers in the Toyota production system" 一文。Adler 等提出，效率需要官僚式的组织形式，要求有高水平的标准化、正规化和专业化；但这些官僚式的特点阻碍了组织快速调整的流动性，而这是柔性所必需的，因此组织面临在柔性和效率之间的取舍或权衡。为了加深对柔性和效率之间存在矛盾的理解，以及寻找如何实现均衡的途径，他们跟踪研究了丰田生产体系中的一家汽车装配厂，这家公司在柔性和效率方面比其他公司具有更好的表现。研究发现，这家公司不但依赖于高度官僚化的组织来实现它的效率，而且通过四种机制实现在柔性和效率中的转移，从而同时实现高效率和高柔性。这四种机制分别是：第一，元惯例促进非例行性工作的高效性能；第二，日常生产工作中，工人和供应商都对非例行性工作有贡献；第三，例行性和非例行性工作被暂时地分离，工人们能够在两者间有序地转换；第四，组织分区的新形式使分化的子单元能够并行地开展例行性和非例行性工作。Adler 等同时还提供了运用这四种机制所必须具备的组织情境特征，如培训、信任和领导力等。这篇文章开启了对柔性和效率问题的系统探讨，为后续研究奠定了良好的基础。

第二篇是 Ebben 和 Johnson 于 2005 年发表在 *Strategic Management Journal* 上的 "Efficiency, flexibility, or both? Evidence linking strategy to performance in small firms" 一文。Ebben 和 Johnson 分析了小型企业中柔性和效率的问题，并且创造性地发现，小型企业只强调效率和柔性其中的一个方面，反而比其他试图追求柔性和效率兼得的小型企业具有更好的业绩表现。此外，他们还认为，机械的组织架构依赖于标准化、集权化和层级制以提高组织运营效率，而有机的组织架构依赖于高度的分权和自治以提高组织的柔性。这篇文章将柔性和效率问题引入具体的企业情境中，开创了对于柔性和效率的关注向更加具体、更加丰富的方向发展。

第三篇和第四篇是发表于 2010 年 *Organization Science* 同一期的两篇文章，这两篇文章同时也将对柔性和效率的研究推向了一个新的高潮，为后续研究提供了重要的启发和指引。其一是 Eisenhardt 等的 "Microfoundations of performance：balancing efficiency and flexibility in dynamic environments" 一文，他们将组织柔性和效率的管理视为组织、战略、动态能力及绩效研究的核心问题。他们指出，处于动态环境中的企业组织，一方面需要足够的柔性以实现对不确定性环境的快速调整和适应；另一方面需要足够的效率来获得持续发展动力，创造发展方向和避免重蹈覆辙。因此，组织的高绩效依赖于领导者对柔性和效率关系的处理。他们强调当环境动态性增加时，应该强化柔性、减少结构性，而且重点探讨了柔性和效率关系下潜在的认知矛盾问题[24]。其二是 Schreyögg 和 Sydow 的 "Organizing for fluidity? Dilemmas of new organizational Forms" 一文，他们认为，对于组织如何在柔性和效率之间取舍的困境，不能像某些支持新型组织形式（如无边界组织、柔性组织）的学者那样，将所有复制性的形式和制度都取消。相反，组织应该从理论上和实践上找到应对这一问题的方法。最明智的就是寻求一种可以用来替代的理论，它既要克服完全偏向于理想柔性的劣势，又要充分利用职能式重复性的优势。他们所倡导的是一方面要去开发组织效率，另一方面还要不断地去平衡潜在的不可避免的趋于刚性和路径依赖的风险，并且他们强调要使不断地平衡渗透成为组织的一种元过程，监督和识别组织的关键信息和变革需求[23]。两篇文章的主要贡献在于深化和开拓了现有研究思路，指出对组织效率与柔性的悖论分析不应该脱离组织设计的理论分析框架，并开始尝试将组织柔性和效率的均衡聚焦到组织的微观基础上来。这为解决效率与柔性的悖论问题提出了建设性的方向指引。

2.2.3　二元性视角下柔性和效率的关系

组织二元性是一种新兴的研究范式，近年来在组织研究领域受到越来越多的关注。在 Web of Science[SM] 检索平台中，以 "ambidexterity" 为主题词检索，时间限制为 1997 年至 2015 年，得到 805 个结果。二元性文献 1997~2015 年数量分布图如图 2.2 所示。

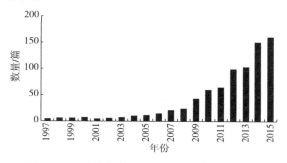

图 2.2　二元性文献 1997~2015 年数量分布图

二元性的本意是指人类同时使用左右手的能力。作为一种隐喻，二元性被引入管理学领域，指代组织同时处理相互矛盾的战略行为的能力[21]。March 将组织中矛盾行为概括为开发和探索两类，认为组织二元性意味着组织对现有能力的开发和对未来机会的探索的兼顾[95]。后来的学者不断深化开发和探索行为的内涵，从不同视角发展出一系列组织二元性的行为集。例如，O'Reilly 和 Tushman 基于企业现实利益和长远利益的冲突，从战略层探讨组织稳定和变革的二元性行为[78]；Eisenhardt 等从组织视角提出组织的根本性矛盾是组织柔性和效率之间的张力，进而明确了组织柔性和效率这一对组织二元性变量[24]；Turner 等关注创新和效率之间的二元性关系，并提出了相应的管理机制[96]。

组织二元性的灵魂思想是促使组织最大可能地调和两种对立矛盾行为之间的冲突，进而实现两者的均衡，任何取舍或只强调其中一方的观点都违背组织二元性的根本原则[97]。对于二元性均衡机制的研究经历了结构二元性和情境二元性的发展演进。

结构二元性既包括利用空间分化来分离不同功能的主体职能单元和独立衍生单元，也包括通过临时性分化使组织在常规任务和临时性任务之间进行实时转换，关注组织结构在处理二元性矛盾关系中的作用[98]。O'Reilly 和 Tushman 从结构二元性角度出发，提出二元性组织是那些能够同时管理探索性和开发性活动，完成连续性和根本性变革的组织，而这类组织依赖于探索性和开发性业务单元的结构分离，以便对两者设计不同的结构、流程和文化[99]。随后，他们在结构分割的基础上加入了高层管理团队的整合作用，强调依靠管理团队去解决在短期效率（探索）和长期创新（开发）之间的矛盾[78]。Smith 等在对二元性组织的定义中，同样强调二元性组织在分割的、不同的业务单元间，建立内部不一致的体系和文化，以保证组织可以同时进行探索和开发活动[100]。然而，Jansen 等提出，这种二元结构在促成组织功能分离的同时，也引起了系统集成困难和协调成本剧增的问题[101]。

情境二元性建立在组织权变理论之上，认为组织情境会影响组织对立矛盾行为间的平衡选择，组织二元性的均衡机制应该与具体情境相适应[90]。Birkinshaw 和 Gupta 将情境二元性界定为在整个组织内通过个体的行为能力来实现调整和适应，并提出结构分离是很好的问题解决办法，鼓励构建一组过程或系统，通过塑造员工的能力，由员工来判断和选择如何根据情形进行调整和适应[79]。Davis 等指出，企业应该创建一个高绩效的组织情境，让员工能够去选择怎样在适应性和调整活动之间分配时间，根据组织面临的不同情境来灵活转换自身的行为模式，从而应对不同的矛盾需求[90]。但是，不少学者质疑员工组织行为的可控性，以及这种组织情境建立的可能性，认为情境二元性的思路是一种过度乐观的想法[100]。

其他众多领域都采用二元性的研究范式展开了对不同具有内在张力和悖论关系的对象之间的研究，对所涉及各领域的二元性悖论主体以及代表作者的综述如表 2.1 所示。

表 2.1　不同领域二元性研究

研究领域	涉及的二元性悖论主体	代表作者（年份）
组织学习	单回路学习—双回路学习	March（1991）；Levinthal 和 March（1993）；Gupta 等（2006）；Mom 等（2007）；Turner 等（2013）
	开发式学习—探索式学习	
	保持—改变	
	新知识—旧知识	
技术创新	渐进式创新—突破式创新	Tushman 和 O'Reilly（1996）；Tushman 和 Smith（2002）；Benner 和 Tushman（2003）；Cao 等（2009）
	产品改进—产品开发	
组织适应	调整—转型	Volberda（1996）；Huy（2002）；O'Reilly 等（2009）
	连续性—变化性	
	惯性—混沌	
战略管理	引导型战略—自治型战略	Ghemawat 和 Costa（1993）；Hamel 和 Prahalad（1993）；Markides 和 Charitou（2004）；Markides 和 Oyon（2010）；Pellegrinelli 等（2015）
	现有范围行动—超出范围行动	
	利用现有能力—开发新能力	
	静态效率—动态效率	
组织设计	机械结构—有机结构	Tushman 和 O'Reilly（1996）；Jansen 等（2005）；Patel 等（2013）；Papachroni 等（2015）
	集权—分权	
	等级制度—自治	
	效率—柔性	

　　总体而言，组织二元性研究对于解释和分析组织中的各种战略性矛盾需求关系具有重要的推进作用，但针对组织柔性和效率关系的具体研究仍有待进一步深化；而且结构二元性和情境二元性如何转化为有效的实现途径，以及如何突破二元性相对静态和割裂的研究范式，都是未来研究发展的重要话题。

2.2.4　组织柔性和效率关系的最新研究进展

　　经过众多学者的努力，柔性和效率之间悖论关系的本质内涵已基本得到了解答。组织柔性和流动性的追求不可避免地会导致理论上和现实中无法解决的矛盾[102]。将组织设计成一种不断变化的状态，其实是一种十分简易的解决方式。理想化的柔性使这一观点向错误的方向激进发展。然而，学者们同样也意识到，在日益动荡和复杂的环境中，任何边界构建、身份形成、问题解决框架的构建都是具有危险性的。组织的边界和实践模式虽然是组织存在的关键优势，但是它们的确也可以变得固化和路径依赖，进而威胁系统的生存[23]。对于柔性特质的过度追求容易导致组织忽视其效率的本质功能；而为了满足复杂不确定的外部需求，项目驱动型组织又必须强化自身的柔性。这就是柔性和效率的目标必然成为一种悖论的根本原因。柔性和效率不可避免地成为现代组织在理论上和现实中都不可忽视的一对矛盾需求。而且，这一矛盾来自组织固有的特征，永远不会被彻底消除[103]。

　　虽然结构二元性和情境二元性两种思路一度被认为是非常有希望解决柔性和效率悖论问题的途径，但这些思路主要是将组织层面的矛盾问题转化到子单元或组织成员层面，而在低一层次上问题仍未得到解决。对于这一研究起到关键推动作用的两篇文献中，Eisenhardt 等建议，处理柔性和效率的矛盾关系，应该从组织的微观基础入手，深入探讨组织结构设计在二元性均衡中的作用[24]；Schreyögg 和 Sydow 肯定了这一观点并提出，寻求柔性和效率的均衡，既不能将两者割裂，又不能过分依赖个体，要发展一个从最开始就将柔性和效率的对抗过程包含在内的组织框架[23]。虽然这仅仅是思路上的开拓，尚待开发更加具体的过程实现机制，但从他们的研究成果中可以明确的是：组织设计关系着破解效率与柔性悖论的根本，发展可以包容矛盾的组织设计框架，进而系统地设计组织的结构与行为，是解决这一问题的明智之举。

　　在他们的指引下，越来越多的学者意识到，应该用系统的、动态的视角来看待现代组织对效率与柔性的需求，解决这样基础性的组织困境[104]。对于柔性和效率问题的探讨，最新的发展方向自然而然地指向了系统观和动态观两个视角。系统观强调将平衡两种矛盾需求的重点从专业化和取舍的探讨中，转向如何在系统层面上、从系统设计中同时包容这对矛盾。动态观以悖论理论和演化理论为基础，认为组织在柔性和效率之间的冲突和张力具有持久性，在不同的环境中具有不同的表现，这就要求组织持续不断地关注柔性和效率的竞争性需求，而不是寻求短期对策[105]。

　　Carter 从系统和分层的观点出发，对解决柔性和效率悖论问题的能力进行了系统解构，划分出静态的实现悖论双方分离而实现平衡状态的零阶能力，为了应对环境的变化而进行组织动态调整在过程中寻找平衡的一阶能力，以及通过领导者的先见之明来动态调整组织系统的高阶能力。他指出，现有的二元性研究多数指向零阶能力，而一阶能力的实现需要组织能够感知、捕捉外界的变化并进行动态的重新设计，二阶能力的实现意味着一种高级组织逻辑的生成，涉及认知复杂性、行为复杂性和过程复杂性[106]。

　　Papachroni 等从矛盾的视角对悖论管理问题进行了修正，认为可以将悖论的两个方面加以综合甚至超越，而无须将两者分离；还可以纵向地探索悖论两个方面之间如何实现动态的相互关联。他们基本的出发点是：组织是由矛盾集合体构成的，而矛盾是既相互冲突又相互关联的因素，矛盾可以作为一种创造性的张力和集合被接受和运用。他们更加关注的是悖论双方的动态关系，提出可以通过研究悖论是如何随着时间演化发展、相互作用的，在更长时间范围的动态平衡中解决悖论问题[107]。

　　Davies 和 Brady 的研究则是建立在演化理论的基础上，强调企业运行项目的动态能力在应对环境变化中的作用。他们将企业在管理项目中的动态能力进行了分层，一方面是来自管理层面的战略性动态能力，另一方面是在较低层面的动态运作能力，并将这些能力的实现按照基于原有职能、跨职能团队、自主性团队以及项目创新单元四种情形进行了分析[108]。

　　所有这些新视角都为本书研究项目驱动型企业组织柔性和效率的关系开阔了思路，启示系统、悖论、演化等观点和理论的引入将对深化和推进本书的开展具有重要价值。

第3章 项目驱动型企业组织柔性和效率的系统模型

本章的研究目的是解决"以柔性和效率为双重目标的项目驱动型组织的系统构成及内涵特征"这个问题，并分解为"如何系统地规划项目驱动型组织的系统模型"和"如何从系统视角理解项目驱动型组织中柔性和效率的关系内涵"两步来实现。为了实现这一目的，本章首先基于文献对比分析，归纳提炼初始概念模型，然后采用焦点小组和半结构化访谈的方法获取定性数据，并将获取的数据与初始概念模型进行证据迭代，详细阐述项目驱动型企业情境下同时具备柔性和效率功能的组织系统模型。

3.1 初始概念模型的提出

3.1.1 项目驱动型组织"系统—要素"模型

组织设计是管理学科传统且主流的研究领域之一，有清晰的理论演进脉络，发展出了不同的派系视角，研究成果和理论发展十分丰富。纵观组织设计理论的发展历史，组织设计的思路主要有两条：一是梳理出组织设计包含的主要参数，明确各设计参数的功能，并厘清设计参数之间的相互作用关系，通过有效的要素设计及要素之间关系的匹配来支持整个组织的运转；二是解构出组织包含的子系统，规划每个子系统的功能及各子系统之间的关系，从而通过子系统及系统间功能的整合，实现组织整体功能。

第一种运用的是"系统—要素"的观点，认为组织设计的核心是组织关键要素及要素间关系的设计，这些设计要素是关系组织存在和发展的决定性因素，如果使这些要素有效地发挥作用并协调好要素间的作用关系，就可以实现组织设计的目标。从"系统—要素"观出发，组织是由一组相互作用的要素组成的系统。对组织进行研究，就要具体分析组织由哪些要素构成、要素的内容和组织方式如何及这些要素如何影响组织行为[109]。组织要素的研究成果相当丰富，但主要集中于通用管理领域，面向通用的组织设计。现将几个具有影响力的模型进行对比和总结，如表 3.1 所示。

表 3.1　主要的组织要素模型对比

	钻石模型	五角星模型	六盒模型	7-S模型	一致性模型	五轨模型	B-L 模型	结构–情境变量	九大设计参数
学者	Leavitt	Galbraith	Weisbord	Pascal 和 Athos	Nadler 和 Tushman	Kilmann	Burke 和 Litwin	Daft	Mintzberg
要素类型 目标	目标	战略	目的	战略	非正式组织	战略结构	战略使命	目标和战略	
		文化		价值观		文化	组织文化	文化	
	技术			技术				技术	
					投入/产出		工作气氛	环境/规模	
	结构	结构	结构	系统	正式组织		结构	专业化	工作专业化
		流程			工作	管理技能	政策程序	正规化	行为正式化
			协助机制				管理实践		联络/规划控制
	参与者	人员		人员	员工	团队建设	个人能力	人员比率	培训
			关系	风格			动机	职业化	教导
		报酬	奖励			激励			
		领导权					领导权	职权层级	单位分组/规模
								集权化	分权

　　通过对比整合发现，组织设计的要素类型可以大致归纳为以战略、文化、技术、环境为主的情境变量和以结构、流程、人员、激励和权力配置为主要类别的结构变量。组织设计是对结构变量的设计过程，虽然战略、文化、技术、环境等情境变量在组织设计中具有重要的影响作用，但这些影响都是通过结构变量中各基本要素而发挥作用的[110]。参照一般系统理论中"环境—系统—功能—要素—结构"的构成模式，本书将要素的内涵限定为组织的结构变量，而情境变量中的战略是组织系统的功能部分，其余的文化、技术和环境等情境变量作为系统的内外环境。由此，本书所依赖的组织系统的基本要素包括结构、流程、人员、激励和权力配置五个方面，如图 3.1 所示。

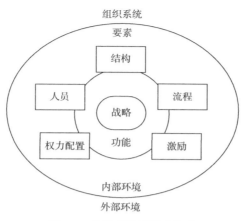

图 3.1 组织系统的要素构成

第二种运用的是"系统—子系统"的观点,认为任何组织系统都可以按照功能、属性或其他特征进一步分解为若干子系统,每一个子系统都承担着特定的功能。从组织形态上看,这些子系统就构成了一个完整的组织,但从功能学上看,组织的整体功能并不是这些子系统功能的简单加和,而是这些功能相互作用、相互融合的最终体现。对组织子系统研究具有代表性的包括 Mintzberg 的组织五构型、开放系统理论的子系统划分和可生存性系统模型(viable systems model,VSM)对组织系统的递归分解[111]。三个理论对于组织子系统构成的内涵界定见表 3.2。

表 3.2 三种组织子系统构成内涵

理论名称	系统构成	子系统内容	子系统功能
组织五构型	运营核心	从事组织基本活动的人们	生产产品和输出服务
	技术支持	技术、研发和营销研究部门	审视环境,探寻其中的问题、机会和技术发展动向
	管理支持	人力资源活动和组织维护活动	保持组织的顺畅运行及物力、人力资源的维护
	中间线	高层管理和运营核心间的媒介	部门层次的执行与协调活动
	高层管理	组织高层管理团队	为整个组织提供战略、目标
开放系统理论	生产子系统	生产部门	生产产品和输出服务
	边界联系子系统	采购部门和销售部门	与外部环境进行交换,包括采购供应品和销售产品
	维持子系统	行政管理部门	保持组织的顺畅运行及物力、人力资源的维护
	适应子系统	企业发展部门	对组织进行变革和调整
	管理子系统	高层管理	协调和指导其他子系统

续表

理论名称	系统构成	子系统内容	子系统功能
可生存性系统模型	操作子系统	各种操作单元	具体执行系统各转化过程,实现组织转化目标
	协调子系统	执行协调工作的机制	协调各操作单元间的冲突
	控制子系统	组织的结构和控制模块	控制各操作单元,通过传达命令和传播信息来控制各操作单元
	情报子系统	检测外部环境的单元,根据外部需求组织产品研究与开发	关注组织未来发展情况,培育未来生存需要的能力
	战略子系统	组织的战略决策机构	制定发展战略,平衡组织各部分需求,保持组织整体性

　　三种组织子系统构成比较如图 3.2 所示。本书认为对组织系统的理解可以遵循组织五构型的基本框架,并引入开放系统理论对外部环境适应的重视,以及可生存性系统模型对组织业务和管理的二分法,从而整合出新的组织子系统描述框架,将组织系统描述为运营核心系统、技术支持系统、管理支持系统、中间线和高层管理系统五部分。

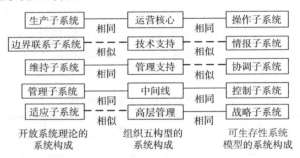

图 3.2　三种组织子系统构成比较

　　两种设计思路各有利弊:"系统—子系统"的分解观,对组织有整体性认识,所分解的子系统基本能够涵盖组织各个部分,但这属于截面式的静态分解思路,动态环境下各子系统边界的变化受到约束;"系统—要素"观能够跨越组织内部边界,通过整合多个子系统或部门发挥连贯性作用,直接支持组织目标的实现,但它的问题在于组织在不同情境下对组织要素的选择具有差异性,不可能给出统一全面的设计方案,导致组织设计通常带有较强的主观性。所以,我们认为,有效的组织设计应该将两者整合应用,弥补彼此的不足,从而实现全面、系统的组织设计。重新回到一般系统理论中"环境—系统—功能—要素—结构"的构成模式,我们发现"系统—要素"观并未解决组织的结构问题,而子系统的思想有助于厘清系统的结构。因为子系统划分实质上是结构划分的过程，将系统划分成不同的结构，每个结构内部都有自己的任务、目标和工作流程，从而形成组织内部的子系统。通过对比三种理论对子系统功能的界定，子系统划分的依据主要包括组织如何分工、组织如何协调及组织中的权力与等级关系等。这意味着，在这三种理论中，组织要素之间的关系可以归纳提炼为分工、协调和权力关系三个方面。结合组织系统的五种基本构成要素，这些关系类型恰恰反映出哪些要素在整个要素关系中起到主导作用，如分工的关系显示出组织系统对于正式关系与责任的强化，强调专业间的职责差异，而结构要素对此提供了基础，因此对应的是以结构要素为主导的要素关系类型。参照一般系统理论中对结构的界定，我们将系统的结构由五种基本组织要素之间的关系加以表征，结构的形成取决于哪种组织要素在要素关系间起主导作用。

项目驱动型组织作为一种新型的组织形式，产生于动荡复杂的市场环境下，在系统的特征及内涵方面都具有其自身的特色。因此，只有结合项目驱动型组织的特点，才能最终提出符合项目驱动型组织的"系统—要素"概念模型。

项目驱动型组织根据项目的需求来组织它的结构、战略和能力，有时甚至需要跨越传统的产业和组织边界。从本质上来看，项目驱动型组织是一种临时组织形式，它的项目组织的特性是相对于那些中央集权式以及具有核心刚性的组织而言的，而且这种区别是从两个层次上体现的：第一，业务方面，项目驱动型组织中的业务以项目驱动为主，而非传统的作业驱动，而且这些项目大多数为商业类项目，具有独立的盈亏报告，是企业利润的主要来源；第二，管理模式方面，项目驱动型组织是基于项目进行管理，采用临时性项目团队来执行一次性、独特性的工作，而且有明确的永久性组织行使综合职能[111]。

van Donk 和 Molloy 提出 Mintzberg 的组织结构分类学应该被项目组织研究采用，联系权变理论来更好地理解不同环境中运行的项目组织的配置和结构[31]。Winter 和 Szczepanek 以 2012 年伦敦奥运会的项目筹备组织为研究对象，发现项目驱动型组织与传统组织系统一样，但边界内外的交流更加频繁，战略管理系统还包括外部重要客户，而且组织支持部门更加强调风险评估和不确定性分析的支持功能[112]。

总之，项目驱动型组织的研究应该建立在传统组织研究的基础之上。从现有研究对传统组织的要素和子系统分析中，整合归纳出组织系统的要素构成及要素之间的关系内涵。这将成为分析项目驱动型组织"系统—要素"研究模型的基础。如图 3.3 所示，本书研究将结构、流程、人员、激励和权力配置作为组织系统的五个基本要素，提出由功能、环境、要素及要素间关系构成的项目驱动型组织初始概念模型。同时，由于项目驱动型组织的特殊性，项目管理情境下系统要素及要素间关系的内涵与属性将表现出明显的项目驱动型组织特征，这都有待进一步挖掘。

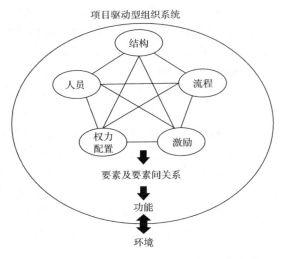

图 3.3　项目驱动型组织"系统—要素"研究模型

3.1.2　组织柔性和效率的系统分析模型

柔性和效率是现代企业面临的一对矛盾需求，因为任何形式的柔性都面临一项常见的挑战，就是对于柔性特质的过度追求容易导致组织忽视其效率的本质功能。效率需要官僚式的组织形式，要求有高水平的标准化、正规化、专业化及按照等级关系组织的人员；但这些官僚式的特点阻碍了相互调整的流动性过程，而这是柔性所必需的[23]。为了满足复杂不确定的外部需求，企业必须强化自身的柔性。组织因此而面临柔性和效率之间的权衡，管理者必须在保持足够的运行效率与追求充分的组织柔性两者间寻求平衡。

当前有关效率与柔性均衡的研究主要集中在通用组织领域，为了实现柔性和效率两大组织目标，不同的学者对组织设计提出了不同的要求。对于效率目标的组织实现探讨，主要集中于 20 世纪的工业化大生产时期，在泰勒、韦伯等管理学大师的推动下，学术界对于组织效率的研究发挥到极致。学者们强调工作程序的标准化、劳动分工的专业化，推崇建立权力核心机构和指挥等级链，重视组织运行的准确性和可靠性[77]。科学管理理论通过动作研究和操作的可复制性寻求组织效率提升的空间；战略管理理论从集中决策和内部一致性角度强化组织效率；组织理论则围绕职能式组织结构设计探讨组织效率问题[109]。所有这些都为工业时代背景下企业追求高效率、实现竞争优势提供了重要参考。然而，伴随技术变革的加速和全球化竞争愈演愈烈，企业竞争优势的可保持性越来越低，企业更多地需要根据环境变化作出适时调整。组织效率的研究热度日益下降，取而代之的是对适应新颖、变革和创新的组织柔性的关注[23]。

与组织效率强调可复制性、稳定连续性相反，组织柔性以灵活性、不确定性为特征。Ebben 和 Johnson 提出，组织柔性是动态环境下企业面对不确定性表现出的可调整性和可变革性[113]。Peteraf 等探讨了组织柔性在快速变化或不可预测性环境中的重要性[15]。大批的学者对组织柔性的内涵展开探讨。Volberda 等指出，组织对环境变化的反应能力是组织柔性的重要表现[114]。Hoverstadt 则将系统内部重新配置资源表现出的难易程度作为衡量组织柔性的依据[111]。

作为组织内一对矛盾对立的战略需求，组织柔性和组织效率的矛盾焦点主要集中于结构、流程、权力等组织要素的设计方面。部分学者对曾经以高效率而成功的职能式组织结构提出疑问，认为传统组织结构在不确定性环境下刚性相对过强，影响了高绩效的实现和竞争优势的持续获取[115]。Shih 和 Yong 则指出，组织集权行为在保证行动一致性、提高效率的同时，会破坏组织创造力，分权的组织模式更有利于实现组织柔性，适应新颖、变革和创新[116]。Gilbert 对灵活性组织和职能式组织的经营和适应问题作了比较研究，发现灵活性组织的柔性明显强于职能式组织[117]。Ebben 和 Johnson 发现，组织效率更容易发生在标准化、集权化和层级制的机械式结构中，而组织柔性需要分权和灵活的有机式结构做支撑[113]。有学者指出，组织柔性和组织效率两者矛盾的处理依赖于组织内部系统提供结构性支持。其中，组织效率主要依靠组织的刚性结构实现，同时要从组织设计上保证组织的灵活性[90]。Schreyögg 和 Sydow 阐明了组织中流程的重要性，认为组织追求柔性的同时必须有规范化流程和制度来维持组织平衡[23]。

由此可见，现有研究已经将柔性和效率的问题分析与组织要素设计进行关联。不仅如此，大量学者同时对柔性和效率对不同环境的要求进行了探讨，将以效率为目标的系统界定为机械系统，并论证了机械系统更适合于稳定的条件；而以柔性为目标的系统是有机系统，更适合于变化的条件。他们指出，变化的环境下，新的问题和无法预见的行动需求层出不穷，这时为了提高效率所规定的等级结构和职能角色就无法快速有效地进行分配或应对[118]。其他学者还将柔性目标与不确定性的外部环境相关联，而效率目标更多的是与可预见性、常规的需求环境相关[102]。在"环境—系统—功能—要素—结构"模型基础上，将现有文献研究进行归纳总结，如表 3.3 所示。

表 3.3　现有文献对柔性和效率的描述

项目	柔性	效率
系统	有机系统	机械系统
环境	变化、不确定性、复杂	稳定、简单、常规性

续表

项目		柔性	效率
要素	结构	集成；职能导向；专业分工；职责明确	分化；产品导向；团队协作；职责扩散
	流程	详细的计划和预算；过程控制；标准化	宽松的计划；目标管理；灵活性
	人员	专业人才；定员制；专门发展轨道	复合人才；弹性制；多种发展轨道
	激励	侧重过程执行；与具体、个别指标相关联	侧重结果实现；与总体目标相关联
	权力配置	集权；自上而下决策	分权；自下而上与自上而下结合
要素间关系（结构）		重视人员和激励的作用	重视结构和流程的刚性作用

现有研究普遍认为项目驱动型组织是动荡复杂的市场环境下的适应性产物[16]。项目驱动型组织依靠临时性的项目团队，灵活、不固定的组织方式，最大限度地实现了组织柔性，有利于应对市场和技术带来的不确定性[17]。在推崇组织柔性化的研究中，项目驱动型组织被视为一种能够实现组织柔性目标的柔性组织形式。这类组织的重要特征是即兴创造和点对点响应，组织不束缚于先前结构或惯例所沉淀的记忆，而是处于不断地重新设计和创造自身的过程中[19]。基于这些研究结论，项目驱动型组织的成功不再得益于劳动分工、标准程序、一致性规则等带来的效率优势，而是让位于灵活、自治、即兴创造所带来的柔性优势。由于项目驱动型组织固有的柔性特质，项目驱动型组织中效率与柔性的内涵具有了新的特质，效率与柔性的悖论关系发生了新的变化。

因此，对于项目驱动型组织而言，应该重新界定如何评价柔性和效率的关系。通常而言，柔性和效率被认为是一对矛盾的变量，但两者又缺一不可，不能在两者间进行取舍。二元性的观点为柔性和效率提供了一种均衡的新型关系，并且从二元性平衡视角和二元性组合视角来判定这种均衡关系。平衡视角意味着两者相减的绝对值趋于最小，即柔性和效率在组织中的地位达到一种势均力敌的状态；组合视角意味着两者相乘或相加的结果最大，即不管柔性和效率的各自水平如何，两者整合后为组织带来最优的结果。这两种解释角度各有利弊，平衡视角无法规避两者同处于劣势的情况，而组合视角则容易忽略向任何一方过度倾斜而影响组织长远发展的情形。而且，两种视角都倾向于静态地看待两者的关系，而忽略了矛盾双方可以相互作用、相互转化的关系。本书在整合两种二元性视角的基础上，引入组织设计理论中的权变观点和协同演化理论中的协同观点，认为柔性和效率作为组织不可或缺的功能，两者所适用的组织情境不同，因此组织需要随着环境的变化在两个功能之间协同演化，实现柔性和效率的相互促进、协同发展。

至此，我们可以完整构建项目驱动型组织包含柔性和效率两种功能的系统分析模型，柔性和效率作为系统的两大主要功能，它们对应着不同的环境要求；当环境要求发生改变时，需要功能在柔性和效率之间协同演化；而功能的改变依赖于组织要素及要素间关系的改变，因此，柔性和效率协同演化的基础在于各组织要素展现出不同的属性及要素间关系类型。组织柔性和效率的系统分析模型如图 3.4 所示。

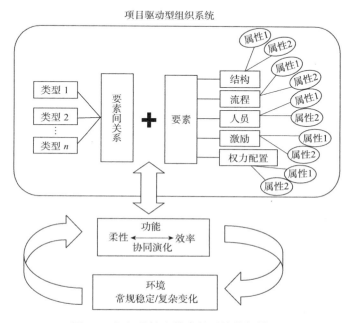

图 3.4 组织柔性和效率的系统分析模型

3.2 研究设计

3.2.1 方法选择

本章基于对现有文献的分析和整理，初步构建了项目驱动型组织"系统—要素"的初始概念模型，以及以柔性和效率为功能的项目驱动型组织系统分析的初始概念模型。为了加深对项目驱动型组织以柔性和效率为主要功能的系统模型的理解，本章采用焦点小组和半结构化访谈的方法，获取管理实践中对项目驱动型企业组织柔性和效率的认识，并通过内容分析软件 NVivo 对获取的数据进行分析，将数据发现与初始概念模型进行不断对话，从而修正并丰富初始概念模型。

1. 焦点小组法

焦点小组法是指将与研究问题相关的人员聚集在一起，通过围绕几个具体问题的交流、讨论，产生对该研究问题的一些观点和见解。Lee 指出，焦点小组通过激发小组内部活跃的对话和互动，能够产生意想不到的丰富数据[119]。在焦点小组的讨论过程中，研究者可以积极引导讨论向所希望的方向发展，从而获取有关研究问题的多元化、深层次的信息。本书采用焦点小组法来获取项目组织领域相关的研究和学习人员对项目驱动型组织中柔性和效率的认识。焦点小组的人员构成包括从事项目组织研究工作的学者、博士研究生及具有项目管理学习背景的企业人员等。将焦点小组的人员范围限定于此是因为，他们熟悉项目管理知识，阅读了大量有关项目驱动型组织的国内外著作、文献和案例，可以帮助提供诠释项目驱动型企业组织柔性和效率的有效信息。

2. 半结构化访谈

访谈方法包括结构化、非结构化和半结构化三种类型，半结构化访谈介于结构化和非结构化之间，是一种折中形式。与结构化访谈不同，半结构化访谈并不需要完全按照固定的问题选项来进行，而是可以在既定的主题和研究问题范围内，根据情况自由提问，临时增加问题或者改变问题的提问顺序都十分常见。但半结构化也区别于非结构化访谈，预先会确定访谈的主要议题并开发若干关键性的问题。本书随机抽取了项目驱动型企业的管理人员，围绕项目驱动型组织中柔性和效率的组织表现这一议题进行半结构化访谈，这些人员结合自身的工作实践，可以具体阐述对项目驱动型企业组织柔性和效率的认识，为本书分析提供丰富的实践数据。

3.2.2　数据收集

本书采用焦点小组和半结构化访谈两种渠道获取数据，有利于保证研究结论的效度；而在数据收集之前事先精心设计行动方案，提前准备访谈框架和问题等策略，可以有效提升研究的信度。

1. 焦点小组的数据收集

根据研究方向、发表成果及所学专业等信息，我们邀请了 20 名项目组织相关领域的研究人员，其中包括项目组织研究领域的教授、副教授、博士研究生、硕士研究生，以及具有项目管理学习背景的企业人员。将 20 名人员划分为 4 组，通过焦点小组讨论的方式进行数据收集，20 名焦点小组成员的主要信息如表 3.4 所示。

表 3.4　焦点小组成员的主要信息

数据编号	小组划分	身份	专业/知识背景
001	组 1	某高校教授	总承包项目管理
002	组 1	某高校全日制博士研究生	项目组织管理

续表

数据编号	小组划分	身份	专业/知识背景
003	组 1	某企业项目管理专员	项目管理
004	组 1	某高校全日制博士研究生	项目治理
005	组 1	某企业项目经理	项目管理
006	组 2	某高校教授	项目投资管理
007	组 2	某高校在职博士研究生	项目管理
008	组 2	某高校全日制博士研究生	项目知识管理
009	组 2	某企业项目经理	项目管理
010	组 2	某高校全日制博士研究生	项目组织管理
011	组 3	某高校教授	项目管理
012	组 3	某高校副教授	项目风险管理
013	组 3	某企业项目管理副总	项目管理
014	组 3	某企业项目管理专员	项目管理
015	组 3	某高校全日制硕士研究生	项目管理
016	组 4	某高校副教授	项目沟通管理
017	组 4	某企业项目管理副总	项目管理
018	组 4	某高校在职博士研究生	项目管理
019	组 4	某企业项目经理	项目管理
020	组 4	某高校全日制硕士研究生	项目管理

焦点小组讨论采用头脑风暴与思维导图相结合的方法，要求参与讨论的小组成员发散性地阐述他们对项目驱动型企业组织柔性和效率的理解。本书作者首先将本书对柔性和效率的内涵界定向参与成员进行解释，保证大家对组织柔性和效率的理解处于一致性水平。接着，将大家讨论的过程进行思维导图的绘制，并将绘制好的思维导图展示给所有小组成员，要求他们基于讨论结果和自己的理解，写出项目驱动型组织中与柔性和效率分别相关的组织要素及特征描述。图 3.5 展示了一个焦点小组讨论过程中形成的思维导图。由于小组成员熟悉项目管理知识，倾向于从项目管理知识领域角度展开思考，所以讨论过程体现出显著的项目管理情境导向。在大家思路模糊或偏离组织方向的情形下，作者会引导大家向结构、流程、人员、激励和权力配置等组织要素的方向思考。

2. 半结构化访谈的数据收集

我们调查了 15 家项目驱动型企业的中、高层管理者及项目经理，合计 22 人，对他们进行半结构化访谈，平均每位受访对象访谈时间不少于 30 分钟。22 名受访对象的主要信息如表 3.5 所示。

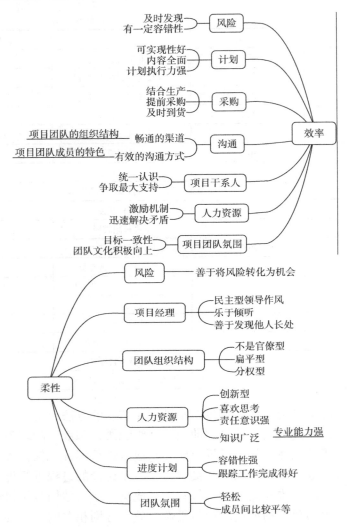

图 3.5 焦点小组讨论的思维导图示例

表 3.5 受访对象的主要信息

数据编号	企业名称（简称）	访谈人数	职位/身份
021、022	中冶焦耐	2	项目经理、项目经理
023	中油化建	1	副总经理
024	中建二局	1	副总经理
025~027	大橡塑	3	董事长、总经理、项目经理

续表

数据编号	企业名称（简称）	访谈人数	职位/身份
028	IBM	1	人力资源总监
029	中交天津港湾设计院	1	项目经理
030、031	简柏特	2	运营总监、项目经理
032、033	大连地拓重工有限公司	2	董事长、生产部部长
034	捷飞特	1	副总经理
035	深圳滕泰毅有限公司	1	副总经理
036	大连都市设计院	1	副总经理
037	北京水晶石数字科技公司	1	总经理
038、039	德豪光电	2	项目经理、项目经理
040、041	天士力	2	总经理、研发部部长
042	大连君方科技有限公司	1	总经理

访谈开展之前，我们基于现有文献分析得到的项目驱动型企业组织柔性和效率的系统分析模型，初步准备了与项目驱动型组织系统的功能、要素及要素间关系、环境等相关的问题，如企业如何看待柔性和效率的目标，与外部环境和内部条件有什么联系；企业认为实现两种目标分别要从哪些组织方面展开；等等。访谈过程中，作者首先将本书对柔性和效率的内涵界定向参与成员进行解释，统一大家对组织效率和组织柔性的理解。然后，启发受访对象以组织柔性和组织效率为核心词，结合自己的实际工作经历和感受描述柔性和效率在企业中的组织表现和特征。多数时间，受访对象在提前预设的议题范围内自由地回想和发表见解，但作者也会适当地加入引导性问题，促使受访对象更多地从结构、流程、人员、激励和权力配置等方面对柔性和效率的组织要求展开描述。

本环节作者共组织了 4 次焦点小组讨论，参与讨论的项目组织领域研究人员 20 人；访谈了来自 15 家项目驱动型企业的管理人员 22 人，收集到 42 份定性描述数据。

3.3 数据分析与模型构建

3.3.1 基于 NVivo 的数据分析

针对 42 份有效的描述性数据，作者借助内容分析软件 NVivo 进行数据处理。NVivo 是一款辅助型信息发掘工具，主要用于协助对数据信息的挖掘、提炼、整合、呈现，可以很大程度上提升数据分析的可靠性。数据处理的过程主要分为以下几步。

第一，将 42 份描述性数据整理为文本格式，导入 NVivo 系统，开始对数据进行文本编辑和处理；第二，开始编码环节，利用 NVivo 提供的不同节点类型，创建不同级别和内涵的节点、树节点、案例、关系等，从而将内容相近的描述数据得以合并，形成数据片段以便组建关系和进一步分析；第三，通过 NVivo 的查询功能，对文本数据出现的频率、来源进行查找，统计出材料来源数值（受访对象数量）和参考点数值（提及次数），筛选并保留材料来源数值大于 3 的数据，这意味着有多于 3 名受访对象提及该观点；第四，利用 NVivo 的群组功能，对保留的数据继续进行汇聚。这一过程中所遵循的基本逻辑是以结构、流程、人员、激励和权力配置等要素为主的组织系统分析框架。

最后，经过汇聚得到的数据片段是本书开展数据分析的基础。这些描述项目驱动型企业组织柔性系统和项目驱动型企业组织效率系统的数据片段，经过多次归纳提炼，可以聚类为不同的描述维度，进而诠释柔性和效率的内涵，以及柔性和效率所对应的环境、要素、要素间关系的内涵和特征，如表 3.6 和表 3.7 所示。表中显示的代表性数据片段是最终保留的材料来源数值大于 3 的数据，意味着这些数据片段所表达的观点至少在 3 份描述数据中有所提及。

表 3.6   项目驱动型企业组织柔性系统的数据分析

相关系统要素		描述维度	代表性数据片段
功能	柔性	即时性	"对环境变化作出快速及时反应" "加快对市场竞争变化的反应"
		多样性	"企业能提供的零件、产品或服务的种类越多，柔性越好" "可选择的空间决定了柔性的潜力"
环境		易变性	"内外环境是动荡的，时刻处于变化中"
		复杂性	"顾客可以根据自己的偏好对产品提出自己特定的要求"
要素	结构	层级扁平化	"公司从老总到普通员工没超过四层" "组织结构是扁平化的"
		项目组织	"项目团队包含不同的专业，大家可以相互配合" "项目组织横跨整个业务职能" "项目与职能横纵交叉，各司其职"
		人员临时性	"每个项目都有临时的项目经理和项目团队" "问题并非细分给某一专业职位，而是需要一个临时的团队来协商解决"
	流程	计划管理	"根据实际情况制订目标完成计划" "通过计划统筹资源，避免冲突"
		管理灵活性	"项目规则是弹性的" "讲求管理软化，硬性的流程、规则并不显著，但会有灵活、及时的应对预案"

相关系统要素		描述维度	代表性数据片段
要素	人员	成员主体性	"员工主人翁责任感很重要" "通过项目锻炼能力全面提升"
		技能多样性	"个人突破岗位职责的限制，能够满足更广泛的任务要求，在更大范围内应对竞争与市场变化" "着重知识员工的技能多样化"
		人员灵活性	"强调项目内部的专业互补、相互协作" "项目人员调配灵活"
	激励	目标考核	"目标导向的考核和管理" "项目绩效考核是弹性的"
		项目薪酬	"工资多少与项目目标的完成情况挂钩" "多干多得"
		成长激励	"激发员工的内在动机，提高他们的工作自主性" "关注员工的成长，提供更多的发展机会，促进企业和员工双赢"
	权力配置	项目经理授权	"项目经理对整个项目过程负责" "项目经理可根据项目需要请领人员、物资需求"，"项目成员统一受项目经理的指挥"
		项目自治	"项目团队有自主权" "项目人员决定如何满足客户要求保证目标"
		决策权下放	"很多决策权都在具体干事的人手中" "用于决策的市场信息来自一线人员" "不讲求一言堂，而是群言堂"
要素间关系		人员主体作用	"组织柔性的根本是以人为本，激发员工的最大柔性"
		激励支撑作用	"重视成员发展，人性化的激励体系促使员工发挥主体作用"

表 3.7　项目驱动型企业组织效率系统的数据分析

相关系统要素		描述维度	代表性数据片段
功能	效率	标准化	"重复性工作尽可能标准化"
		规模化	"追求规模效应" "低成本战略"
环境		稳定性	"适合稳定的环境" "确定性的工作可以追求效率"
		相似性	"项目之间差异程度小可以通过标准化提升效率"
要素	结构	分工专业化	"专业分工是保证效率的基础" "通过专业将复杂项目分解"
		职能化管理	"各职能范围边界清晰，各司其职" "各职能部门清楚了解自己在项目中承担的职责以及与其他部门的工作接口"
		部门内部协调	"专业内部具有共通的知识基础，便于沟通与信息传递" "部门内部统一管理，沟通与协调速度快"
	流程	工作内容标准化	"项目管理的实施有标准的流程做基础" "每个部门都有自己的工作流程" "如何选择项目、考核项目都有一套程序"
		管理内容制度化	"法制大于人制" "项目管理需要在企业管理规范框架下行事"
		管理手段规范化	"所有项目都要进行计划，计划有标准模板" "企业摸索了一套有效的沟通方式，有统一操作规范"
	人员	强化专业技能	"熟能生巧" "从事专业工作可以不断提升技能，积累经验"
		人员流动性低	"由于人员在组织时间较长，熟悉业务和流程，大大提高效率"

相关系统要素		描述维度	代表性数据片段
要素	人员	岗位职责明确	"每个人的岗位职责都有明确界定" "久而久之形成经验惯性"
	激励	考核指标细化	"需要严格具体的绩效考核指标" "过程指标有利于执行效率"
		薪酬体系单一	"不患寡而患不均" "利益分配遵循统一规则,这样效率最高"
		专业提升型激励	"激励手段要有利于项目组成员的纵向发展" "专业水平和发展通道需要强化"
	权力配置	集中决策效率	"大部分决策权都在高层,所以决策和规则的制定周期很短" "建立好信息收集渠道后,集中决策更高效"
		统一指挥	"管理层指派项目经理,由项目经理全权负责项目的运行" "项目设置管控小组来统一协调资源"
		战略性决策	"项目选择需要高层统一决策,最接近企业的战略目标" "目标与行为一致,才有效率可言"
要素间关系		流程为主导	"流程是主导" "任务标准化是提升效率的决定性环节"
		结构为基础	"高效的组织是建立在明确的专业分工和责任边界基础上的"
		集权为保障	"以组织权威为基础是效率的保证" "集权提升决策效率"

3.3.2　项目驱动型企业组织柔性导向的系统分析

　　焦点小组和管理人员访谈的结果显示,受访对象对于项目驱动型组织柔性的理解,与本书概念模型中所阐释的内涵基本一致。十分普遍地,受访对象认为柔性是组织的一种能力,尤其是指应对不确定性和差异性的能力,这种能力使企业可以在短时间内有效地应对变化。根据对数据的归纳提炼,柔性的内涵被聚类为两个方面:即时性和多样性。谈到柔性,很多受访对象的第一个想法是"快速反应",在环境或企业条件发生变化的第一时间里,企业能够作出反应和采取措施,而这个时间间隔越短,意味着组织柔性越高。例如,滕泰毅的副总经理对此表示:"互联网行业竞争如此激烈,快对手一步可能就意味着胜利,所以必须要有高度的柔性,面对机会快速应变。"访谈过程中,灵活性也常被用来代替柔性,问及如何能做到具备高灵活性的时候,某高校总承包项目管理方向的教授认为:"项目的需求是个性化的,项目之间千差万别,所以要求项目驱动型企业要有柔性、灵活性,就是要求它们能够满足各式各样的需求,具有多样性的能力,而不只是有唯一的解决方案。"项目驱动型企业的多样性使企业像"变色龙"一样,通过变换企业所提供的产品、服务的类型和特性,保证了企业在面对环境变化时可以形成不同的适应性。

　　当以柔性为组织功能时,与之相关的组织环境特征通常被描述为"不确定性""易变性""复杂性""动态性"等。一方面,组织所面对的环境、客户需求、项目工作等是高度不确定性的，发生变化的可能性极大，因此组织对于应对这样的环境、满足这样的客户需求和完成这样的项目工作也必须做好充分的应变准备，整个企业管理处于动态变化中。对此，水晶石的总经理十分苦恼，他指出："客户的需求总是不断地变化，有时在项目实施过程中还会发生变化，这已经成为我们项目开展的最大难题，企业为此想了很多对策。"另一方面，复杂的环境条件也需要企业必须具备柔性的功能。客户的需求已经不满足于单一的标准、唯一的风格，更多的开始追求个性化、定制化和差异性，而这些标新立异的要求大大地增加了项目驱动型企业提供产品、服务的复杂程度。某高校教授的观点是："现在是买方市场的天下，只有把握住顾客的个性偏好，才有可能赢得市场。"

为了实现柔性的功能，项目驱动型企业的各组织要素表现出明显的柔性化特征。其中最为明显的是对人员的要求。数据分析结果显示，当企业强调组织的柔性化时，组织成员的主体作用和倡导成员"一专多能"是出现频次最高的维度。多家企业的管理人员都表示："宁可花大价钱，也要招聘到有能力的员工。"为了实现柔性目标，企业越来越重视组织成员的个人价值，认为组织柔性最关键的表现是组织中成员的柔性。如此一来，组织成员不仅仅是组织角色的被动扮演者，他们的适应能力和反应能力成为组织发展的重要能力构成。同时，组织柔性还要求人员能够适应工作内容、工作范围、工作顺序、业务组合等的变化，突破了传统组织中对人员的固定岗位职责描述，而要求全体成员成为熟悉各种工作的多面手。地拓的董事长对此描述了他们企业的变化："地拓已经改变之前的定员制用人模式，尝试采用随任务变化而变化的弹性配置人员的模式。"某高校项目组织管理方向的全日制博士研究生也表示："组织柔性的实现需要具备多方面能力的复合型人才，以适应多种任务的需要。"

对人员的主体作用形成重要支撑的是组织激励体制的设计。在柔性目标的指导下，企业的考核、薪酬和激励体系明显地向"人性化"方向发展。首先，考核指标并不过多地强调详细的过程操作指标，而是以更加宽泛的结果指标为主，以实现目标为目的，强调提高成员的积极性。其次，薪酬增添了与项目之间更多的关联，而且具有灵活多样的激励标准。例如，中油化建对于企业人员的薪酬结构就分为若干种类，除了统一标准的岗位工资外，有与业务完成情况相关的业务或项目工资，还有按照对项目贡献级别的项目绩效奖，以及各种技能等级、资质相关的补贴。其激励方式不仅关注成员的工作，还更多地关心成员的职业发展，提供更多的培训和技能提升机会，促进成员的多方面成长。正如简柏特运营总监所说："目前人力资源管理的重心在于如何激发员工的潜力，将他们的智慧转化成顾客需求的产品和服务。"

除了人员和激励的柔性化设计外，项目驱动型企业的结构、流程和权力配置同样表现出众多柔性特征，从而才能保证组织柔性目标得以实现。传统的组织结构是按照专业化原则，以职能为中心建立起来的。职能与部门相对应，不同的部门分别完成不同的职能。为了实现组织柔性的目标，焦点小组讨论中提出了"消除职能边界""无边界管理"等概念，强调以项目为单位的团队组织在项目驱动型企业中的重要性。企业管理人员的访谈数据也同样显示出，管理层级扁平化、团队组织形式是项目驱动型企业结构的柔性特征，强调人员组织方式的灵活性。组织流程方面，受访对象普遍表示，虽然流程对于组织而言是必需的，但固守流程却会妨碍组织灵活性的实现。在实现组织柔性化的过程中，企业的管理标准、实施规则是弹性的，具有灵活调整的空间。尤其在面向客户多变的需求时，流程和规范并不能有效地发挥作用，而是依靠企业对员工形成的意识和行为规范。因为每次项目目标不尽相同，企业需要根据某项工作任务或某个客户需求，针对性地制定目标完成计划。某项目管理专业的博士研究生指出，"计划可以视作流程的变形，是一次性、独特性、临时性的协调机制"。与此同时，为了实现柔性目标，项目驱动型企业在权力配置方面的重要特征就表现为乐于与一线的项目成员分享权力，引导项目成员自我管理、自主决策，从而形成对不确定性的快速反应。来自某企业主管项目的副总的观点是："项目经理和项目团队是最接近客户的，是最先和最直接捕捉到市场和客户需求变化的群体，如果他们没有适当的权力，遇事就要层层上报，何谈组织柔性。"

显而易见，项目驱动型组织柔性导向的系统中人员和激励要素起到了主体作用。组织柔性的根本是人员的柔性化，通过灵活多样的激励体系，保证人员的主动性和积极性，才能使组织面临不确定性时快速应对。当然，临时性的团队组织形式，灵活的、以单个项目为目标的计划体系和项目团队成员充分的自主权，也为保证组织柔性的实现奠定了基础。总体而言，在柔性导向的组织系统中，五种要素之间的关系呈现人员主导而其他要素共同支撑以实现柔性目标的情形。项目驱动型企业组织柔性导向的系统模型如图3.6所示。

3.3.3 项目驱动型企业组织效率导向的系统分析

由数据分析的结果可知，对于项目驱动型组织而言，效率作为组织功能的内涵可以从标准化和规模化两个维度展开理解。项目驱动型组织以项目为主要业务类型，项目具有一次性、独特性的特征。但是这仅仅说明没有完全相同的两个项目，并不能说明所有项目都是完全不同的。大橡塑的总经理对

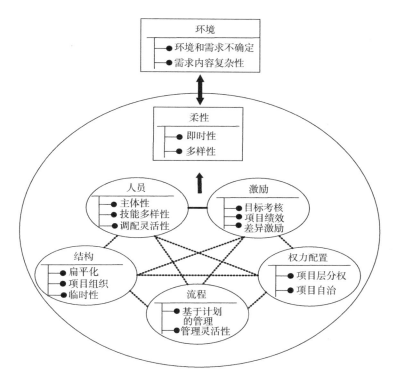

图 3.6　项目驱动型企业组织柔性导向的系统模型

此的说法是："除了首次研发的项目外,多数项目虽有不同,但差异并不是很大,项目之间存在重复性的工作和问题。"也就是说,即便是个性化的项目,也有相似的部分。项目驱动型组织中效率的实现主要是指处理这部分相似性的能力。而应对具有相似性的工作,一方面可以通过标准化,找到相似工作最优的实现途径并加以固化;另一方面可以通过规模化,在不同的项目之间不断地累积问题和经验,共享相同的工作模块,通过相同类型项目的数量来实现规模效应。此外,某高校项目管理专业的教授在交流时提出,"速度的敌人是变化,而变化的克星是知识……与效率有关的最重要部分是属于企业、可以重复使用的知识"。通过在不同的项目之间不断地积累问题和经验,从而实现项目驱动型组织效率的规模效应。

当以效率为组织功能时,项目驱动型组织系统的环境特性主要表现为市场环境和客户需求的稳定性,以及项目类型和任务特性的相似性。因为环境和需求稳定,所以企业可以将满足需求的工作流程和方法进行标准化,将一些确定的模块形成规模化,从而提升效率、降低成本;而项目类型和任务特性的相似性,意味着降低了企业实现客户需求中的不确定性,提供了一种稳定的环境氛围，同样适宜于组织效率的实现。

虽然数据收集并未严格按照本书初始概念模型中组织系统的五种基本要素展开，但是 42 份描述数据的统计结果显示，企业管理人员所关注的组织设计方面完全可以覆盖这五种基本要素，这进一步验证了将项目驱动型组织系统从结构、流程、人员、激励和权力配置方面展开分析的合理性。同时，数据分析结果也对五种基本要素在项目驱动型组织情境下的内涵作出了扩展。

在对效率的组织描述中，流程是被提及最多的一个方面。即便是对于一次性、独特性的项目管理来说，具有规范的工作程序、管理标准也是提升效率必不可少的手段。由研究人员构成的焦点小组讨论中，关于项目驱动型组织的效率特征，多数都会自然而然地谈及项目管理的各种规范、标准、知识体系，其中以行业内公认的项目管理知识体系（project management body of knowledge，PMBOK）尤为显著。某高校总承包项目管理方向的教授对此的观点是："企业必须要有一套自己的管理标准，而且必须是被全员普遍接受、达成共识的标准，这样大家在日常工作中才能有对话的共同基础，这是效率的前提。"数据分析结果同时显示出，对于流程的诠释可以分为多个层次，包括将惯例性的工作内容规范化、制度化，将重复性的工作内容标准化，最后综合以上工作，将需要多方合作但又常规稳定的复杂工作进行流程化。如同某高校项目治理方向的全日制博士研究生所说："效率就是将不确定性的工作不断固定、标准化的过程。"

项目驱动型组织中，作业方式已经从批量的流水线作业转为个性化的需求满足，这种流程的改变要求结构做基础。在对效率描述的数据统计中，结构紧随流程之后。传统组织理论中认为，机械式结构有利于组织效率的提升，因此，注重效率的传统企业的结构特征通常是基于职能分工和等级分层。对于项目驱动型组织而言，为了实现特定项目的目标，除了传统纵向的职能结构外，还需要横向的以个体项目为管理对象的项目结构。显然，这一横向结构在不同企业中得到重视和强化的程度并不一样，有的只是以一个横向协调的角色代替，有的则形成临时性的团队组织，有的则增设了完全服务于项目的项目管理部门。然而，对于"什么样的结构特征能够促进组织效率"这一话题，受访对象给出的答案多数围绕在强化专业分工，将项目按照专业进行明确的工作分解；加强专业内部的交流和知识共享，基于专业能力提升从而促进效率提升；厘清职能间的沟通边界和接口内容，提高职能间的协作效率等方面。也就是说，基于专业分工和职能管理所带来的组织效率，依然是项目驱动型组织结构的重要特性。企业访谈中了解到，港湾设计院在项目化变革过程中，激进地将职能管理彻底取消，取而代之的是由不同项目团队构成的组织结构，它的一个项目经理如是说："这样的模式一个或几个项目可能效果还不错，但从长远来看，企业没有专业和职能做保障，总归是缺少了效率的来源。"

权力配置亦被公认为是对项目驱动型企业组织效率具有重要影响的一个方面。项目驱动型企业中面临项目的选择、多项目的优先级等关键性决策，而对于这些决策的权力，大多数受访对象认为应该由企业高层来集中掌握。他们给出的理由主要包括："与企业战略定位和发展目标相关的决策，由高层管理者从全局的角度上作出更为合理"；"对于此类决策，不同部门、不同项目组会有各自的利益倾向，为了避免大家争论而消耗时间，集权是最高效的方式"。总之，由集权进行快速决策，尤其是对那些关系到组织整体和目标方向的决策，是项目驱动型组织实现效率功能的重要保障。

相比而言，在组织效率的描述数据中与人员和激励相关的数据稍显薄弱。多数企业管理人员在谈到专业分工对于组织效率的提升作用时，会强调人员的专业技能，认为"注重人员的专业能力，形成在某一专业领域的优势，可以熟能生巧"。同时，数据结果显示，人员的持续性和稳定性，也可以影响效率目标，因为"员工清楚自己的岗位职责，熟悉自己所负责的业务和流程，工作效率就会很高"。激励这一组织要素，通过数据的归纳聚类，提炼出考核指标细化、薪酬体系单一和专业提升型激励三个维度。以提升组织效率为目标，企业管理人员认为考核指标应该具体细化，以过程控制为主导；薪酬标准宜采用差异性不大，偏向于一致规则的薪酬体系，从而在组织公平感的基础上实现效率目标；强化专业晋升通道，增加培训和教育福利，都是有益于组织效率提升的措施。

由此可见，在以效率为功能目标的项目驱动型组织系统中，需要制定围绕项目工作的业务流程和管理规范。专业分工的结构和职能间的稳定接口是流程建立的基础，集权在流程标准的情况下是高效的决策方式，人员的技能专业化和岗位职责化进一步提升了流程的执行效率，而专注于过程绩效的薪酬和考核体系可以保障流程的有效贯彻。总体而言，在效率导向的组织系统中，流程、结构和权力配置三种要素的属性选择更显著地影响了项目驱动型组织效率导向的功能体现，五种要素之间的关系呈现流程、结构和权力配置主导，而人员和激励要素共同支持实现效率目标的情形。项目驱动型企业组织效率导向的系统模型如图 3.7 所示。

3.3.4　柔性和效率双重目标的项目驱动型组织系统模型

在焦点小组讨论和企业管理人员访谈中，均设置了"以柔性和效率同时为组织的战略目标的可能性"的问题，90%以上的受访对象表示认同，认为当前的动荡环境和客户需求的不确定性要求项目驱动型企业必须追求柔性目标，而效率

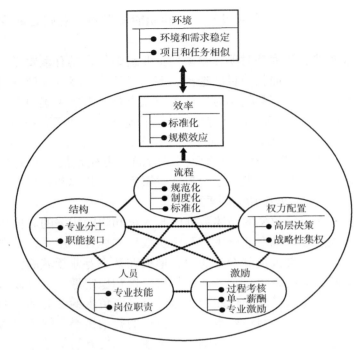

图 3.7　项目驱动型企业组织效率导向的系统模型

是企业长久发展的根本，同样是重要的战略目标。焦点小组讨论中一个有趣的话题引起作者的注意，有的成员提出项目驱动型企业利用项目管理信息系统来提升组织柔性，加快反应速度；而其他成员认为这明显是因为缩短信息传递时间，简化人员操作程序而提高效率的行为，最后大家达成共识，柔性和效率在一定程度上是相通的。这种相通性主要体现在时间维度上，效率提高的同时可以促进柔性，而柔性的形成意味着效率的保障。然而，柔性和效率在成本维度上却是背道而驰的。多家企业的管理人员指出，"柔性是要付出成本代价的，因为追求柔性所以企业生产不能形成规模，管理表现出很大的个体特性，无法标准化"。而效率目标的主旨即在于通过规模化和标准化来降低企业的生产和管理成本。因此，要同时实现柔性和效率的功能目标，对于项目驱动型组织而言，仍是个挑战。

　　柔性和效率作为组织的两大目标功能，其所适应的环境是不同的。从数据分析中可知，这一环境的内涵不仅包括外部市场的环境，还包括业务类型、工作性质等条件。针对确定性程度不同或复杂性程度不同的事物，要求功能在柔性和效率之间进行变动。例如，对于确定性较大的项目，包含大量的重复性工作和活动，此时便主要强调效率；对于不确定性高的项目，工作内容差异性较大，就应该更多地以柔性为目标。

企业管理人员的访谈数据显示，由于项目驱动型组织的环境特征更多地体现为动态多变，更多的管理者看到环境的变化性、不确定性，因此更重视项目驱动型企业的柔性功能。访谈中，管理者将项目驱动型企业比作"变色龙"，强调"只有能够快速适应环境变化的企业才能够在未来生存"。但也有少数管理者意识到，虽然柔性对于目前项目驱动型企业很重要，但组织的效率功能也不容忽视。中建二局的副总经理对此表示："忽视效率功能将影响企业的长远发展，危害企业的稳定性和持续性。"

基于数据分析的结果，本书已经分别构建了项目驱动型组织柔性导向和效率导向的系统，而一个以柔性和效率为双重目标的组织系统必须融合支持柔性和效率两种功能的系统、要素，同时具备可以表征柔性和效率的要素属性，为组织在目标间的转化提供基础。综合对柔性系统和效率系统的分析，可以进一步提炼出五种组织要素的属性分类。

结构要素方面，效率系统表现为专业分工的职能结构，结构之间的接口以部门为单元，接口较少，而且相对稳定；而柔性系统表现为临时性的项目团队组织，团队的构成中有来自不同专业和部门的代表，结构接口复杂，而且处于动态的变化中。可见，结构要素的属性是以结构接口的动态复杂程度为基准，效率功能下结构的复杂性和动态性尽可能降低，而柔性功能下结构的复杂性和动态性随之增加。

流程要素方面，效率系统表现为针对相似模块进行的标准化和规模化，将确定性的内容尽可能地固化，形成制度和规范；而柔性系统表现为在固化的标准流程基础上，围绕特定的项目目标设计临时针对性的计划，增加了较多不确定性和差异性的模块。可见，流程要素的属性是以工作模块的标准固化程度为基准，效率功能下流程模块的标准化和规范化程度较高，而柔性功能下计划模块的标准固化程度较低。

人员要素方面，效率系统表现为明确的专业技能要求及稳定的岗位职责说明，从而形成了组织成员对自身清晰的角色和身份定位；而柔性系统表现为多样性的人员能力需求和动态变化的人员组织模式，需要组织成员建立起主体能动性和动态的角色转换。可见，人员要素的属性可以从人员技能要求的动态多样性角度划分，静态专一的趋于效率功能，动态多样的趋于柔性功能。

激励要素方面，效率系统表现为以过程指标和岗位绩效为导向的考核和激励，激励机制趋于固定、单一，重点保障组织成员尽职尽责，高效完成分工任务；而柔性系统表现为以结果指标和项目绩效为导向的考核和激励，因为项目的工作内容和绩效水平差异很大，所以激励机制灵活多变，重点激发组织成员的自主性和工作积极性。可见，激励要素的属性是以激励内容的丰富灵活性为基准，单一稳定的趋于效率功能，丰富灵活的趋于柔性功能。

　　权力配置方面，效率系统表现为战略性决策的高层集权，从而保证组织关键决策的快速有效；而柔性系统表现为项目经理及项目团队等一线成员的分权，从而保证组织最接近需求变化的主体能够自主决策、快速应对。可见，权力配置的属性是以权力的集中程度为基准，效率功能倾向于集权，而柔性功能倾向于分权。

　　总而言之，项目驱动型企业必须根据内外环境和条件的不同，在柔性和效率两种功能间实现动态转换。而功能的改变依赖于要素及要素间关系的改变，此时要素的属性及要素间的关系就会发生微妙的变化。因此，同时包含能够表征柔性和效率两种属性的要素系统，是企业实现在柔性和效率功能间协同演化的基础，而要素间的关系在动态转换的过程中才能得以体现。柔性和效率双重目标的项目驱动型组织系统模型如图3.8所示。

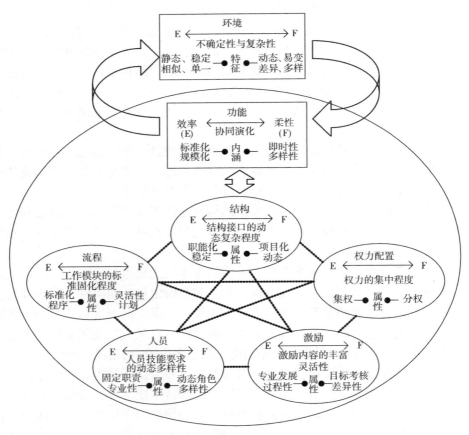

图 3.8　柔性和效率双重目标的项目驱动型组织系统模型

第4章 项目驱动型企业组织柔性和效率协同演化的条件分析

在以柔性和效率为双重目标的项目驱动型组织系统研究的基础上,本章旨在探讨项目驱动型组织系统实现这一双重目标的基本条件,研究受何种环境的驱动,被哪些因素所触发,在什么样的条件下项目驱动型组织效率系统和柔性系统可以发生协同演化。为了实现这一目的,本章首先通过理论分析总结企业组织协同演化的基本条件,并结合组织柔性和效率协同演化的内涵,提出柔性和效率协同演化条件分析的研究框架。然后采用案例研究方法,通过对多家案例企业的对比、分析,归纳总结组织柔性和效率协同演化需要满足的条件,并基于案例分析结论构建项目驱动型企业组织柔性和效率协同演化的条件模型。

4.1 理论分析与研究框架

4.1.1 企业组织演化的条件分析

系统理论认为,系统演化是指系统的构成要素、要素间的关系、系统的状态及特性、系统的行为和功能等随着时间的推进而发生变化。系统演化的过程经由一种阶段式平衡状态转向另一种阶段式平衡状态。在系统演化过程中,系统与外部环境的相互作用产生新的变化,这种变化作用于系统功能,进而影响系统内部要素及要素间的相互联系,使之按照系统的新功能发挥作用,从而促成系统的协同演化。

普遍意义上,系统演化的条件包括边界条件、必要条件和充分条件。边界条件是指系统的开放性,只有对外部环境开放的系统才能发生与外部环境间的交换,从而使协同演化成为可能;必要条件是指系统内部各要素之间存在非线性相互作用,从而使系统远离平衡态;充分条件是指系统内部的涨落,使系统由平衡态进入非平衡态的作用力。只有在这三个条件同时具备的情况下,系统的演化才能够实现。也就是说，一个开放系统，当系统内部存在非线性相互作用，而使系统远离平衡态时，系统才具备协同演化的条件。

对于现代企业组织而言，组织演化的条件需要结合企业组织的独特性加以分析。企业组织是一个由人员构成的具有主观能动性和适应性的复杂系统，这决定了企业组织的演化动力更多地来自于企业自身，而非像其他系统一样，完全依赖于环境自然的选择过程。企业组织的适应能力促使其能够有意识地改变自身以适应环境的变化。

企业组织存在于竞争激烈、动荡多变的外部环境中，随着市场、技术、社会等外部环境因素的快速转变，企业组织必须不断地调整自身的功能和行为，形成整个企业在资源、状态及特性等方面的协同演化，保持企业在新环境中的适应性和竞争力。企业组织的协同演化，既可以看作是一种过程，也可以看作是一种结果。从过程角度看，March 提出这一过程包括企业对外部环境变化的感应、分析、回应、处理等一系列适应性智能活动[120]；从结果角度看，企业组织的协同演化表现为组织要素、结构、功能、状态等的系列变化结果。企业组织的协同演化虽然整体上受限于系统演化的边界条件、必要条件和充分条件三个方面，但因为企业组织演化自身的特性，所以在这三方面的内涵上表现出不同的特征。

1. 企业组织演化的边界条件

与系统演化条件相对应，企业组织的演化同样需要边界条件。Nelson 和 Winter 指出，市场构成企业的环境，企业是市场中的行为主体，市场的选择决定着企业生存和发展的边界[121]。这一边界与企业生存和发展有着密切的联系，企业协同演化实质上就是企业对不断变化的市场环境进行适应的调整过程。环境是企业组织协同演化的根本诱因，由于环境总是处于不断的变化之中，因此企业的功能和行为才不断地发生改变。

由此可见，企业发展的根本动力来源于企业对市场环境的开放性，这是企业组织协同演化的边界条件。企业通过与市场环境之间的持续不断的交换活动，从市场中获得企业运作所需的各种信息、资源，决定企业需要向市场提供的成果输出，并通过企业内部的各种转换活动实现市场的需求，从而提供企业发展的进一步动力。企业对市场环境的开放性，一方面体现在企业以自己的产品、服务等输出对市场环境的影响，使自身在市场中确立明确的定位和功能；另一方面，企业同时在不断获取市场环境变化和市场需求趋势的信息，通过主动地满足这些需求和适应这些变化，保持在变化的环境中持续生存和发展的能力，成为市场动态发展的一部分。正是因为企业组织具有这种与市场环境之间进行充分交流、互动的开放性，企业组织才有别于其他物质系统而成为所在环境中协同演化的一个"有机体"。

而且，企业组织的开放性条件并不局限于整体系统，组织内部的子系统也能够与市场环境产生交流。例如，企业的市场、采购和研发等部门，它们作为企业的适应性子系统，密切地关注着市场环境的变化及市场环境可能对企业发展产生的影响，并将这种影响反馈到组织内部，触发组织根据市场变化而进行适应性的调整。这极大地扩展了系统内部开放性，增加了企业与外部环境交流信息的触角，从而促成企业组织协同演化的发生。

2. 企业组织演化的必要条件

与系统演化的必要条件类似，企业组织演化同样需要内部存在非平衡、互相竞争的力量作为前进的动力。企业在与环境的不断交换过程中，需要内部的各种要素、部门、子系统等相互协作，共同完成交换活动。而这些要素或子系统在整个过程中所发挥的作用以及所处的地位并不相同，它们之间始终处于一种既竞争又为了完成企业目标而协作的磨合关系。它们之间的竞争性首先体现在资源分配的非均衡方面。例如，企业中管理类的部门，它们所获得的信息资源就会远远高于生产类的部门所拥有的信息量；而生产类部门中的物质资源要远多于管理类的部门。这样的资源分布所形成的非均衡性，促使各部门在协同实现企业总目标时，必须依赖于各种企业协调机制来加以优化。正是因为对协调和不断优化的需求，促使企业不断调整成为可能。

另一种竞争性发生在企业对环境作出适应性调整，从一种状态向另外一种状态转变的时刻。当企业面临环境的变化和需要作出调整的需求时，企业总是面临多种可能的状态选择。而此时企业组织内部的不同要素或子系统之间将形成不同程度的分岔或对抗，正是内部的这种竞争力量引导着企业组织在保持基本稳定的状态下进行着协同演化，并且演化的方向由企业组织内部那些决定性的势力所决定。

总之，企业组织为了适应环境的变化，能动地接受来自市场环境的各种需求信息，并在内部各种要素、子系统相互的非线性作用和非平衡关系中，不断优化、协调组织的行为和功能，促使企业组织发生质的改变，生成满足新环境下所要求的新的功能和特征。在此过程中，企业组织内部的相互竞争的作用关系，是这一动态调整发生所必需的基本条件。

3. 企业组织演化的充分条件

在对系统演化充分条件的考察中，系统的涨落和耗散作为协同演化的内在根据，被认为是所有现实系统所具有的特征。对企业组织演化的一般条件进行考察，充分条件也是必不可少的一个考虑方面。探究充分条件其实是要阐明企业组织协同演化的必然性。由于企业组织具有区别于一般系统的主体能动性，所以充分条件除了一般系统所具有的内在涨落和耗散的动力性，更多地体现在企业组织自我保持和自我创新的主导因素。对此，Tyre 和 von Hippel 提出了适应性学习在企业协同演化中的作用。他们认为，企业为了更好地适应环境，会在内部积聚资源，并向外界学习[122]。这一过程中，企业利用外部环境和自身可利用的资源，重复开展那些能够带来良好反馈的规则、行为和活动。在迅速变化的市场环境下，通过不断探索适应新环境的行为和活动，来提升企业对环境的适应性和竞争力。适应性学习可以看作企业内部各个要素或子系统通过竞争、合作从而趋于稳态的一种运动形式。通过不断的适应性学习，企业中原有的要素、结构、功能、特征等不断地向新的状态变迁，企业组织因此也不断得到演化和发展。

4.1.2 组织柔性和效率协同演化的条件分析框架

本书研究的是组织系统随着外界环境的变化在柔性和效率两个子系统间的协同演化，除了具备组织系统协同演化的基本条件，还应该考虑这些条件在组织柔性和效率协同演化中所代表的具体内涵和发挥的具体作用。

1. 柔性和效率协同演化的边界条件

在组织系统演化的边界条件中，企业组织通过对外部市场环境的开放，与市场环境之间进行信息交流，而使组织随环境的变化而不断演化成为可能。开放性意味着企业与市场环境的同步性，而究竟什么样的环境更适合于效率目标，什么样的环境更适合于柔性目标，在什么样的环境下企业需要在柔性和效率之间协同演化，这仍有待进一步深入探讨。

当企业所处的环境变化速度并不是很快，市场的需求偏好较为稳定，市场与企业的作用关系可以预测时，企业组织可以重点关注系统的效率功能，充分利用标准化、规模化来提升单位工作效率，降低运行成本，并通过强化有利做法而形成持续、稳定的发展优势。这种情形下企业虽然满足开放性的边界条件，但因为不存在柔性和效率的悖论问题，所以并不需要在柔性和效率间协同演化。只有当环境的动态性特征逐渐加强，环境变化速度不断提升，市场需求并不稳定，市场与企业的互动关系不可预测时，组织系统对柔性功能的需求才随之增加。当这种动态性特征不够明显时，企业完全可以通过二元性途径来化解组织柔性和效率的选择问题。其一是运用空间分化，在结构上将柔性和效率加以分离。例如，企业可以建立新单元，由新单元来负责柔性，原有的单元负责效率，新单元是独立的活动单元，而且在动态环境趋于稳定时还可以被整合。其二是时间分化，即在不同的发展阶段和任务周期内将柔性和效率加以分离[24]。但是这两种途径只有在环境变化速率不高时才有可能行得通。当环境的动态性超过一定程度时，企业组织不可避免地面临既要灵活应对快速变化的环境，又要保持企业必要的运行效率，从而产生需要组织柔性和效率高水平并存的悖论问题。在这种情形下，项目驱动型企业不得不寻求更加动态地处理柔性和效率悖论的途径，产生在组织柔性和效率之间协同演化的需求。

由此可见，对于项目驱动型企业组织柔性和效率的协同演化的边界条件的分析，必须探索在什么样的环境条件下，柔性和效率将成为项目驱动型企业具有战略重要性的目标悖论，从而促使柔性和效率的协同演化成为企业的必要性选择。

2. 柔性和效率协同演化的必要条件

在企业组织演化的必要条件中，要求组织内部的要素或子系统之间存在非线性作用的竞争关系，从而可以促使企业组织从这种不均衡状态向新的状态协同演化。对于企业的柔性和效率目标而言，两者本身就是具有竞争性的战略需求，效率子系统和柔性子系统共同建立在五种基本组织要素之上，只是因功能需求不同而表现出不同的要素属性。

因此，企业组织演化所需要的内部竞争性的必要条件，对于柔性和效率的协同演化而言，意味着组织内部并存着柔性和效率不同属性的要素和子系统。具体而言，只有项目驱动型组织的构成要素将代表柔性和效率的属性同时兼容，组织柔性和效率才有实现协同演化的可能性。

面对项目驱动型企业在柔性和效率两种目标之间的悖论，与这一悖论相关的组织五种基本要素内部存在着一定程度的冲突。为了促使构成悖论的不同属性的要素同时有效地融合在同一组织中，项目驱动型组织就必须通过一种反作用力来达成这些要素之间的协同效应。而这种反作用力恰恰源自要素及其属性的兼容性。周俊和薛求知将要素间的这种兼容性分成战略兼容性和运作兼容性两种类型，认为战略兼容性是指悖论的构成要素在战略目标上具有一致性，共同服务于统一的组织目标；而运作兼容性是指构成要素对于组织要求具有共通之处，依赖于相同的资源和能力，从而要素之间可以形成共享行为[123]。

由此可见，对于项目驱动型企业组织柔性和效率的协同演化的必要条件的分析，必须探索组织内部条件中影响柔性和效率悖论关系的构成要素是否存在兼容性，从而促使柔性和效率的协同演化成为可能。

3. 柔性和效率协同演化的充分条件

企业组织演化的充分条件指向组织的适应性学习过程，认为企业主动地适应环境的意识是组织协同演化的根本性内在动力，只有具备这种意愿企业才能伴随环境变化而不断地自我调整。对于项目驱动型企业组织柔性和效率的协同演化而言，企业同样需要这种主观能动性作支持，为组织能够动态地切换柔性和效率的功能，在动态环境中实现适应性的调整提供源动力。

因此，研究组织柔性和效率协同演化的充分条件，必须明确指出柔性和效率协同演化的驱动因素。Sarwar 等认为这一驱动因素主要来自高层管理者的战略意图。他们提出，高层管理者会根据企业在以往发展与变革中积累的学习经历而选择某种适应性行为，这一选择是建立在历史经验基础上的有意识行为[124]。对于企业的协同演化而言，高层管理者通过审视环境与企业所具备的资源，分析并选择适应于环境需求的发展方向，在一定程度上决定了企业协同演化的内在充分性，并有意识地塑造了企业协同演化的方向和路径。同理，高层管理者对于柔性和效率如何选择问题的战略性决策，直接作用于柔性和效率协同演化的实现。

然而，对于项目驱动型企业而言，这一驱动要素可能不仅仅来自于高层管理者的战略性支持，也有可能来自于其他组织成员的认可，这仍有待进一步探讨。总之，组织对柔性和效率这一问题的战略意图或态度关系着企业是否具备主观能动性，从而驱动组织柔性和效率的协同演化的实现。因此，对于项目驱动型企业组织柔性和效率协同演化的充分条件分析，就是要发现哪些条件可以作用于企业的主观能动性，从而成为柔性和效率协同演化的动力来源。

当然，除了这三种基本条件外，企业组织的协同演化必然会受到各种约束条件的限制，而这些约束条件的具体作用形式依据系统和环境的不同将各有差异，还需结合具体的研究情境进行分析。

至此，从系统演化的条件分析，到企业组织演化的条件分析，再到组织柔性和效率协同演化的条件分析，边界条件、必要条件和充分条件三种基本条件的内涵经过层层聚焦，最后汇聚成组织柔性和效率协同演化所需的条件范畴，为探索项目驱动型企业组织柔性和效率协同演化的具体条件奠定了基础。本书提出的组织柔性和效率协同演化条件分析的研究框架如图 4.1 所示。

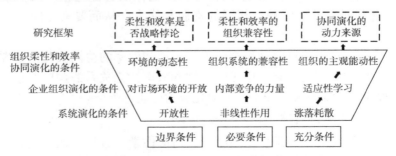

图 4.1　组织柔性和效率协同演化条件分析的研究框架

4.2　研究设计

4.2.1　方法选择及分析逻辑

本章的研究目标是探讨项目驱动型企业实现柔性和效率的协同演化所依赖的各种条件。选择截面式案例研究方法是基于所聚焦研究问题的类型和现有研究基础考虑的。一方面，探讨哪些条件能够促进项目驱动型组织实现柔性和效率的协同演化，研究的关键在于发现与柔性和效率悖论关系相关的情境因素及其作用关系，需要分析特定情境下相关事件之间的联系与作用，这种微妙的关系研究更适合选用案例研究方法。另一方面，目前这一问题尚找不到现成理论加以解释，缺乏实证基础，有待从案例数据中归纳发现相关影响因素的作用规律[125]。

本书从判定案例企业柔性和效率协同演化的状况入手，在对或成功或失败的不同案例中柔性和效率关系状态的观察和对比中，总结柔性和效率协同演化需要具备哪些条件。因此，整个研究设计分为三个部分，设计思路与分析逻辑如图 4.2 所示。

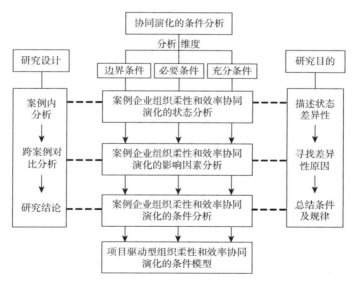

图 4.2　设计思路与分析逻辑

首先，按照理论抽样选择处于不同柔性和效率关系状态的项目驱动型企业，通过案例内分析对各案例企业柔性和效率的关系状态进行深入剖析，关注各案例企业柔性和效率协同演化的情形和背景描述。其次，通过跨案例横向对比分析，找出不同关系演化状态存在差异的原因，是哪些因素促进或限制了柔性和效率的协同演化,从而明确柔性和效率协同演化的边界条件、必要条件、充分条件等各是怎样的。其中,成功实现协同演化的企业案例,可以总结其协同演化的促进条件,而未能实现协同演化的企业案例,则可以总结其协同演化所缺失的条件。最后,通过两种案例的对比,归纳总结柔性和效率协同演化需要满足的条件,构建项目驱动型企业组织柔性和效率协同演化的条件模型。

4.2.2 案例企业选择

案例企业的选择遵循"理论抽样"的原则,作者对所在团队长期维护的潜在合作企业进行了目标筛查,通过能够与企业建立联系的中间人核实了如下几个问题。

第一,企业业务类型是否以项目为主、企业是否在推行项目管理。通过考察这些问题,筛选出那些基于项目进行管理,并且拥有项目团队和职能部门的企业,即属于"项目驱动型组织"范畴的企业。这些企业分布在 IT(information technology,信息技术)、软件、制造、建筑、互联网、咨询等行业,包含了国有企业、民营企业、外资企业等多种所有制类型。

第二,企业项目管理运行状况及企业整体发展态势如何。这个问题的设置目的在于总体反映企业柔性和效率的状态,帮助我们选出面临组织柔性和效率悖论问题的案例企业。结果发现,各个行业、各种所有制形式下,都普遍存在效率很高和效率很低的企业,企业在柔性和效率方面表现如何与其所在行业与所有制形式并不存在相关关系,而组织设计与管理水平会对效率与柔性产生更多的影响。

第三,企业项目管理运行中柔性和效率的状况如何。通过这一问题对企业柔性和效率的关系状态进行判断,选择组织柔性和效率的关系状态具有明显差异的企业,以便获取效率与柔性所有可能的关系情形。

第四,经过层层筛选,依据各企业联系人对"项目管理运行状况""柔性和效率状况"的初步评价,保留了可能在组织柔性和效率关系方面呈现不同特征的七家案例企业,案例企业的基本信息见表4.1。根据企业对案例信息保密性的要求,对案例企业的名称进行了掩饰处理。

表 4.1 案例企业的基本信息

案例企业名称	企业 1	企业 2	企业 3	企业 4	企业 5	企业 6	企业 7
企业性质	中央国企	民营企业	地方国企	外资企业	民营企业	中央国企	民营企业
行业领域	工程设计	设备加工	机械制造	外包咨询	LED 芯片	工程建设	互联网
项目管理开展年限	6 年	5 年	4 年	10 年	4 年	10 年	4 年

续表

案例企业名称	企业 1	企业 2	企业 3	企业 4	企业 5	企业 6	企业 7
年均项目数量/个	120	50	30	30	50	50	15
项目目标完成评价	良	良	差	优	良	优	优
企业收入项目占比	大于90%	大于90%	大于90%	大于90%	大于80%	大于90%	大于90%
企业发展态势评价	平	升	降	升	升	升	升
柔性和效率状况评价	"需求响应快，总体效率不高"	"效率还行，应对变化能力差"	"效率较低，也不灵活"	"柔性和效率应该都不错"	"正装倒装是效率与柔性的体现"	"具有集成效率和局部柔性"	"柔性和效率必须同时具备"

这七家企业具有不同的所有制性质，来自不同的行业领域，以此来保证案例研究结论的普适性；七家企业项目业务开展年限普遍较长，业务量和收入占比方面十分突出，有利于强化项目驱动特性，提升研究问题的典型性；与七家企业的前期联系中，得到企业关于开展案例深度访谈的许可，确保了案例数据收集的可行性。

4.2.3　数据收集

作者从 2012 年初开始企业案例数据收集，数据收集通过访谈、问卷调查、实地观察和档案资料相结合的方式进行，增强了案例研究结论的建构效度。对七家案例企业一共进行了 55 次访谈，每次访谈只面向一位访谈对象，访谈时间在 40~90 分钟，都有录音和笔录。访谈数据来源情况见表 4.2。

表 4.2　访谈数据来源情况

案例企业	访谈次数	访谈数据来源
企业 1	8 次	所长 70 分钟；项目经理 2 人，各为 65 分钟；项目组员 2 人，分别为 58 分钟、54 分钟；总经办主任 50 分钟；质量专员 2 人，分别为 48 分钟、52 分钟
企业 2	10 次	运营副总 65 分钟；项目经理 2 人，分别为 55 分钟、45 分钟；项目组员 3 人，分别为 50 分钟、40 分钟、50 分钟；采购部经理 50 分钟；市场部经理 55 分钟；生产计划员 2 人，分别为 45 分钟、35 分钟
企业 3	10 次	总经理 65 分钟；项目经理 2 人，各为 55 分钟；项目组员 3 人，分别为 50 分钟、45 分钟、55 分钟；质量部部长 50 分钟；工艺部部长 45 分钟；研发人员 2 人，各为 50 分钟
企业 4	6 次	项目经理 2 人，分别为 70 分钟、65 分钟；项目组员 2 人，各为 55 分钟；运营总监 70 分钟；人力资源部专员 60 分钟

续表

案例企业	访谈次数	访谈数据来源
企业 5	6 次	倒装事业部总监 60 分钟；运营经理 60 分钟；项目经理 2 人，分别为 80 分钟、85 分钟；项目组员 2 人，各为 50 分钟
企业 6	8 次	副总经理 90 分钟；区域经理 2 人，分别为 70 分钟、65 分钟；项目经理 3 人，分别为 55 分钟、60 分钟、65 分钟；项目组员 2 人，分别为 60 分钟、50 分钟
企业 7	7 次	总经理 60 分钟；副总经理 80 分钟；项目经理 2 人，分别为 70 分钟、60 分钟；研发经理 60 分钟；项目组员 2 人，分别为 50 分钟、40 分钟

　　七家案例企业中，我们均选择了四类访谈对象：负责项目工作的管理人员，从事项目工作的业务人员，负责职能工作的管理人员，从事职能工作的业务人员。访谈对象的多元化设计，一方面可以保证对企业柔性和效率的全面认识，另一方面能够避免因访谈对象类型单一而带来的同源误差影响。而被访者中不乏一人同时扮演多种角色的现象。

　　访谈过程是在访谈提纲的引导下进行的半结构式访谈，访谈提纲主要包括四个部分：第一，询问被访者在企业的工作经历和职责，以及他们对企业项目管理转型以来的柔性和效率状况的认识；第二，请被访者详细说明企业柔性和效率的行为表现，描述能反映这些表现的组织特征或事件；第三，请被访者评价企业柔性和效率关系的现状，并对存在的问题及其影响因素、形成条件进行分析；第四，请被访者阐述自己对企业柔性和效率关系的发展方向的理解，企业对此有何具体行动。针对以上问题，受访对象可以自由阐述他们的观点，但我们也会适时地穿插一些引导性提问（如市场环境、组织的结构设计、高层管理者等因素对柔性和效率关系的影响），保证受访对象的关注点覆盖边界条件、必要条件和充分条件三个方面。

　　针对研究者处理访谈信息时可能存在的主观误差，作者设计了访谈结束前的问卷作答环节，以进一步保证数据获取的信效度。问卷与访谈提纲基本一致，问卷的开发建立在本书已构建的系统模型和研究框架基础之上，包括对企业中效率状况、柔性状况以及柔性和效率关系状态这三部分的描述判定，采用5分制 Likert 量表的形式请受访对象作出评估。七家企业访谈中采用的调查问卷见附表 1。

　　遵循规范案例研究的程序，除了定性的访谈数据和定量的问卷调查数据，我们还收集了可获得的产业报告和企业内部文件，并进入企业生产车间和办公区进行观察，以实现数据来源的三角验证。此外，我们还有很多保证数据信效度的手段，这包括访谈时 3 个研究者的分工合作，访谈后的 6 小时内及时整理录音资料，小组内讨论并记录访谈印象以及尝试先写作教学案例等。

4.3　案例内分析

案例内分析是必不可少的一步，Eisenhardt 和 Graebner 将其定位为"帮助研究者应对海量数据的关键"，认为这个过程帮助研究者充分熟悉每个案例，在探讨跨案例的普适性模式之前，使每个案例所独有的模式涌现出来[125]。对此，作者将案例内的数据分析分为三步。

第一，通过全面地解析案例企业的背景信息，为案例分析提供情境支持。

第二，将所有访谈和观察记录按照案例企业、访谈编号和问题编号进行归类，将表现相同问题的所有数据整理到一起，建立案例研究基础数据库，为数据分析提供可靠性保障。

第三，基于这些数据库，形成对每个案例的独立认识，判定出每个案例企业柔性和效率协同演化所处的状态。

4.3.1　七家案例企业背景分析

通过对案例企业的行业背景、发展历程、产品与服务类型、市场地位、企业管理战略与特色、项目管理状态及问题等的分析，有助于更好地理解企业在柔性和效率悖论问题上的行为和表现。因此，作者首先对七家案例企业的相关背景加以系统描述和分析。由于案例企业对于数据保密性的考虑，部分案例企业无法展现详细的盈利水平、内部管理数据等信息，但是这并不影响对企业整体柔性和效率状态的分析。

1. 企业 1 背景分析

企业 1 是一家以水运工程设计、建筑工程设计、工程咨询为主的设计咨询公司。公司业务范围主要集中在码头、港湾和航道工程建设领域，具有向国内外业主提供水运工程项目建议书、可行性研究报告、施工图设计、技术咨询、工程项目监理等综合性服务的能力。成立之初，企业 1 人数不到 50 人，总经理之下分设水工所、综合办、市场部和专家组四个部门，组织结构图如图 4.3 所示。

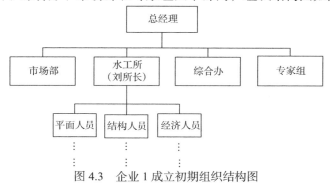

图 4.3　企业 1 成立初期组织结构图

　　当时，国内码头、船坞等水运工程建设刚刚起步，工程项目数量处于缓慢发展阶段，企业 1 面临着开拓市场、树立公司品牌的重要任务。于是，总经理亲自负责发展客户、签订项目等市场开发工作，而市场部由于人员数量和能力的不足，只是辅助市场开发中的合同起草、管理及文件资料整理等工作，综合办负责后勤保障，同时兼顾财务。合同签订后直接交给水工所，剩下的工作就全部由水工所的人员来完成，而专家组则在整个过程中负责审查项目方案，提供技术指导。水工所是企业 1 项目实施的实际承担者，负责实施承揽到的所有项目，是企业 1 最大的部门，包括平面、结构、经济三个专业的设计人员。此时企业 1 采用的项目组织方式如图 4.4 所示。项目组内部的沟通协调也简单直接，当项目间面临冲突时，由上层领导出面协调孰轻孰重，根据需要临时调配资源。由于当时企业 1 的经营规模还比较小，年承揽项目数量不足 50 个，项目之间出现严重的时间、资源冲突的情况很少，所以企业 1 的项目执行情况井井有条，项目目标基本能够实现。

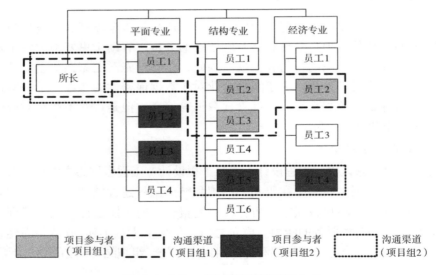

图 4.4　企业 1 成立初期项目组织方式

　　2008 年以来，国家加大对港口码头的发展力度，全国沿海港口和深水航道的建设进入高峰期，企业 1 也迎来了高速发展的黄金期。正值国家开始大力支持港口经济发展，鼓励港口建设要"发挥优势、抓住机遇、理清发展思路"，全国各沿海省市开始将港口事业放在优先发展的地位，出台了一系列支持性政策措施。同时，连续数年运输需求增量的高压和拉动，特别是一批沿海布局建设的石化、钢铁、电力等工业基地开始建设投产，对沿海港口和深水航道的建设提出了迫切需求。在如此利好的大环境中，企业 1 致力于开辟更为广阔的经营市场，开始尝试承揽合同额几百万元甚至近千万元的大型项目，进入了高速发展时期，人员规模和订单业务量持续攀升，工程设计能力也不断强化，其参与设计的工程项目遍布大连、葫芦岛、丹东、宁波等沿海城市。企业 1 近几年的产值和项目数量的发展变化如图4.5 和图 4.6 所示。

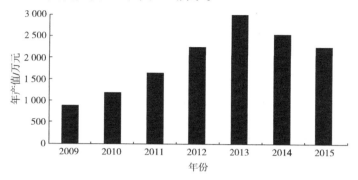

图 4.5　2009~2015 年企业 1 年产值

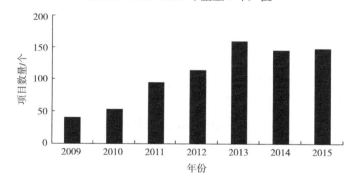

图 4.6　2009~2015 年企业 1 年完成项目数量

随着并行的项目数量逐渐增多，项目规模和复杂程度加大，企业 1 项目管理的协调工作量激增，项目管理问题逐渐暴露，如何平衡柔性和效率成为公司必须面对的难题。

2. 企业 2 背景分析

企业 2 是一家专业化生产矿山设备、钢结构、散料设备、压力容器等的大型重工企业，产品主要应用于矿山、冶金、建材、港口、电力和化工等行业，为客户提供成套工程设备及高品质钢结构的设计、制造与安装服务。企业目前共有员工 700 余人，拥有专业的设计团队，具备使用 AutoCAD、SolidWorks、ANSYS、X-steel 等软件进行二维、三维建模及有限元分析的能力，致力于系统工程及核心产品的研发设计。

企业组织结构按照几大核心机构划分，包括运营中心、管理中心、营销中心、采购中心、财务中心和设计中心，不同的中心有不同的职能和功能规划，从而形成支持企业顺利运行的相互补充的几大核心板块。企业 2 的组织结构图如图 4.7 所示。

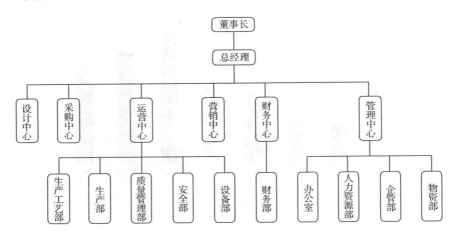

图 4.7　企业 2 的组织结构图

企业 2 拥有完备的质量管理体系、职业健康安全管理体系、环境管理体系，多次荣获高新技术企业证书。秉承"诚信、高效、创新、共赢"的经营理念和"严谨、务实、勤奋、进取"的企业精神，凭借雄厚的技术研发实力，创新的经营模式，企业 2 已经发展成为国内外相关服务领域具有一定知名度的企业。企业 2 将进一步拓展 EPC 工程承包、技术装备制造、工程运营、资源开发四项业务，恪守"以卓越服务创造客户价值"的经营宗旨，为客户提供完整的系统解决方案和成套装备，把股东价值、客户价值、员工价值和社会责任有机结合，立志成为行业内的最佳服务提供者。

企业 2 十分重视项目管理，有众多国内外合作中的成功项目经验。例如，锦州港粮食现代物流工程分为一、二、三期工程。一期工程建于 2006 年，公司负责的工程内容为钢结构及粮食溜管制作安装；二期工程建于 2009 年，公司负责的工程内容为粮食皮带机和栈桥制作安装、电气及自动化控制安装；三期工程建于 2010 年至 2011 年，公司负责了桩基础、建筑主体、工艺安装、电气和粮食输送存储转运系统的全部施工。又如，位于巴西卡拉加斯的 VALE S11D 无轨可移动式皮带机项目，从 2015 年的 4 月开始，12 月完成全面交付，企业 2 的供货范围是 5 台无轨矿用可移动式皮带机，皮带机主要用于输送铁矿石。

目前，企业 2 的项目管理仍处于发展完善阶段，公司强调计划管理，重视施工工艺和质量保证，推行生产及办公过程的"5S"管理。通过实时进度跟踪，保证交货时间。公司创造性地采用"乐高"式模块化设计，通过转序单保证合格产品进入下一步工序。在管理模式方面，整个公司鼓励各中心独立核算，实行扁平化管理。虽然业务领域源自传统的制造加工行业，但企业 2 正努力地向更加柔性的管理模式方向发展，其中如何协调好柔性和效率的问题，成为企业转型是否成功的关键。

3. 企业 3 背景分析

企业 3 是中国橡胶塑料机械行业主导厂和出口基地，是我国机械行业的大型骨干企业。针对轮胎市场高性能化、节能化趋势，企业了先后完成了新型 320L 啮合型密炼机、双电机传动开炼机、一次法炼胶生产线等新产品研发项目。为拓展石化市场、新材料市场，企业完成了丁基胶后处理生产线的设计及生产服务工作，完善了 CME 型连续混炼挤压造粒机组系列化、SJSH 型同向双螺杆混炼挤压造粒机组系列化等工作；此外还进行了老产品的整顿 15 项，完成了开炼机、密炼机、挤出压片机和压延主机四大类产品的零部件标准化备案工作。这些新产品、新技术都体现了高性能、节能环保的理念，符合绿色发展的需要，提高了公司产品的市场竞争力。

2012 年以来，世界整体经济仍未摆脱金融危机的冲击，主要经济体需求仍然疲软，国际贸易增速明显下滑，这对我国传统机械产品开拓国际市场造成了不可低估的影响。同时，国内经济增速整体放缓，经济下行压力加大。2012 年我国工业企业工业增加值同比下滑 3.9 个百分点，橡胶机械行业销售收入同比下降 8.4%。

受外部市场经济环境的影响，国内橡胶塑料机械企业的业务订单量大幅缩水，而作为该领域龙头老大的企业 3 首当其冲。公司 2012 年以来的销售业绩持续下行，利润状况更是直线下降，公司面临着较大的资金压力和经营困难。纵观企业这几年的发展趋势，前景堪忧。

伴随企业外在环境趋于恶劣，企业内部的管理问题也相继暴露出来，职能漏洞和各部门工作互相推诿的现象引起关注，高层管理者意识到企业内耗和管理成本问题的严重性，要求企业重新进行职能界定和结构划分。公司业务量迅速扩大，一方面增加了业务管理的复杂性，在短时间内对人员素质提出了更高要求，因此人员素质成为制约公司发展的瓶颈，必须通过人员工作的专业化和组织职能的专一化，突破这种管理瓶颈。另一方面，业务的复杂性、业务量不断增加，对企业的内部控制和管理模式提出了新的挑战。为了加强企业对"资金流、信息流、物流"的控制，企业必须实现系统化、规范化管理，降低企业经营风险，提高经营效益。

企业 3 的业务主要是靠市场部在外取得项目订单的形式展开的，发现有意向的项目订单先交由设计部进行技术分析和评价，在认为可行的条件下签订商务合同。项目正式成立之后，设计部进行研发设计，编制用以实现项目产品的图纸和技术方案；工艺部对图纸进行工艺分析、编制工艺路线；在技术交底之后生产部全面落实生产，采购部进行物资采购，质量部门负责生产的事后检查。各个职能部门有着明确的职能分工，部门间界限清晰，管理权限彼此独立。在推行项目管理方面，公司努力推进项目负责人制度，细化了项目的过程跟踪管理，明确项目负责人控制产品设计成本、监督产品质量、掌握项目进展、协调生产进度等岗位职责，有效地促进了项目负责人技术水平和管理能力的提升，同时也实现了对产品质量和项目进度的有效管理。

橡胶塑料行业处于竞争白热化状态下，为了赢得市场竞争优势，必须不断追求新技术和新产品，这对橡胶塑料生产设备的技术水平和更新速度提出了更高要求。此外，这对企业 3 的顾客响应能力提出了严峻的挑战，企业的组织模式越来越不能适应项目订单的完成。项目管理能力的提升迫在眉睫，企业必须找到适合自己的项目化管理组织形式，满足市场的多样化需求，将组织柔性和效率的平衡提升到企业战略的高度加以重视。

4. 企业 4 背景分析

企业 4 成立于 1997 年，其前身为通用电气金融服务有限公司。企业 4 将强大的 IT、分析及流程优化再造的能力相互结合，向企业提供一系列广泛的综合行政管理和行业针对性服务，是全球业务流程及技术管理的领先者。到目前为止，企业 4 是从事外包业务中规模最大、业务服务范围最广的跨国公司之一。

企业 4 主要从事业务流程外包（business process outsourcing，BPO）和信息技术外包（information technology outsourcing，ITO）的业务，客户对象涵盖了 IT 服务、软件咨询、金融和财务服务、人力资源外包、供应链服务等多个领域，客户遍布韩国、日本、新加坡等多个国家。企业 4 目前是中国从事业务流程外包的规模较大、业务范围较广的跨国公司之一，自 2000 年入驻大连以来，人员规模已经发展到 3 000 多人。

企业 4 的组织架构顶层是按照客户的不同领域分为多个事业部，在每个事业部下又根据职能进行划分，部门设置包括人力、财务、质量、市场、运营等部分。同时设有项目部，每个项目都有自己的"流程"，每个流程（项目）各有自己的项目经理和项目团队，完成任务时会需要职能部门的协助。企业 4 的组织结构图如图 4.8 所示。

企业 4 管理的重心是如何提升运营的效率和效能。企业 4 利用自身的流程管理、信息技术管理及知识管理的能力，在多年积累的实践经验基础上，不断提升自身的客户洞察力，利用世界范围内的平台资源，为不同地域和行业提供广泛的服务。企业 4 重视六西格玛和精益管理的思想，在企业内部推行智能企业

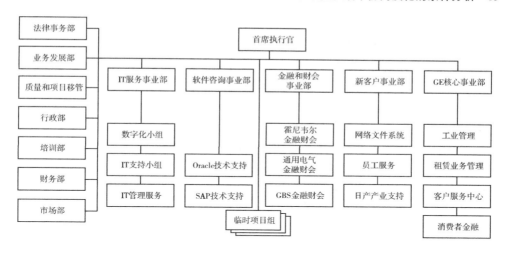

图 4.8　企业 4 的组织结构图

流程，对客户的服务进行充分的过程标准化，并在持续的项目开展中，不断优化和更新每一个具体的流程；对于每一项新开展的项目，要求降低端到端的能耗，提升组织的整体柔性，从而达到柔性和效率相互促进的目的。

5. 企业 5 背景分析

企业 5 是专业从事 LED（light emitting diode，发光二极管）的芯片、外延片、封装、照明、显示产品以及厨房小家电的研发与制造的中国优秀民营科技企业和国家火炬计划重点高新技术企业。截至 2015 年 9 月，公司已到货的 4 英寸 MOCVD 外延生产设备 92 台，投入使用的达到 70 台以上，在目前的 LED 行业是仅次于三安光电的 LED 芯片生产商。企业 5 的业务涵盖开发、生产 LED 芯片、LED、LED 光源模组、发射管、LED 半导体照明产品、LED 装饰产品、LED 灯具、LED 显示屏、LED 背光源、家用电器、电机、电子、电动器具、轻工产品、节能环保产品。此外公司还从事上述产品相关的控制及软件系统、模具的研发、生产，并提供相应的技术咨询服务。

公司引入台湾的先进研发与生产管理团队，在国内率先使用 4 英寸外延片生产 LED 正装芯片，在切割芯片过程中提高了有效的切割面积，降低单颗芯片的生产成本。此外，伴随着公司正装芯片的快速发展，公司高层逐渐认识到，国内 LED 正装芯片产品和技术已经步入相对成熟阶段，而正装芯片的技术门槛也相对较低、量产难度不大，系目前国内市场的主流芯片，其产品以中小功率为主，产品价格相对较低，质量可靠性也不高，其应用领域集中在指示、显示、中小尺寸背光和中低端照明等方面。目前市场上正装芯片产品差异小，同质化情况严重，竞争十分激烈，各芯片厂商为抢占市场份额，纷纷进行降价，行业在 3~4 年内必然会进入红海市场。基于此，公司决定积极地探索新的芯片结构技术储备，从而引入了技术门槛更高、技术难度更大的倒装芯片。当时国内倒装芯片还处于蓝海发展期，市场上的倒装芯片产品主要由国外的欧司朗、飞利浦等外资厂商提供，国内芯片厂商对倒装芯片技术积累不足，尚未大量涉足该领域。因此公司希望通过倒装芯片发展发掘新的发展方向和利润增长点。

公司的组织结构也随之调整为以倒装生产管理部和正装生产管理部为核心业务部门，财务部、采购部、销售部等辅助的职能式组织结构层级与管理体系，企业 5 的组织结构图如图 4.9 所示。

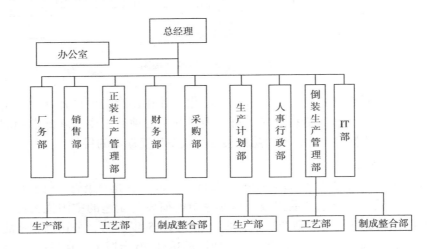

图 4.9　企业 5 的组织结构图

然而，因为正装和倒装技术特性、市场变化程度的不同，两者在组织目标上表现出不同的特性。正装芯片因为技术相对成熟，操作流程标准，所以订单通常是大批量而且较为稳定的产品需求，企业的目标在于尽可能提升效率，降低成本，从而赢得市场竞争力。而倒装芯片的市场标准还没达成一致，常常需要以客户为导向，经常是一个系列就需要多个尺寸型号。这就导致了每个订单的产品都具有独特性，且数量较少，也导致倒装生产管理部要不断研发，投入新产品。在这种情况下，企业的目标更多的是强化柔性，提升企业对客户需求响应的灵活多样性。因此，企业 5 内部对柔性和效率形成了鲜明的需求对比。而且，虽然正装和倒装生产的工艺不同，但企业内部却共用生产车间，并且80%的主要生产设备是通用的，所以目前倒装有50%的生产设备是和正装共用的，正装有设备的所有权，在需要使用设备的时候，倒装需要借用。这种内部资源的共享更是激化了组织对柔性和效率两者兼顾的矛盾，如何处理这一矛盾成为企业5面临的棘手问题。

6. 企业6背景分析

企业6是中国化工建筑企业中资质类别最多、综合资质实力最强的企业之一，是国内首批获得化工石油工程施工总承包一级资质的企业之一，形成了"中国化工建设第一军""乙烯建设专家型企业"等独特的企业品牌。公司拥有大批优良的施工机械装备，拥有大批项目管理专业人才，拥有大批建筑专业战略合作伙伴，具有良好的整合社会资源能力。公司是同行业第一家上市公司，具有利用资本市场，实施投融资发展战略的资本运营优势。

由于公司长期以来主要是依托吉化集团的内部工程业务发展，尽管有时也参与一些外部业务的投标，但总体比例非常小。公司发展初期上下员工不过500人，各部门和专业公司分管不同的专业领域。因此，这个阶段各专业公司是公司核心业务资源，也是主要利润中心，公司利润指标具体分配到这些单位，而其他职能部门主要起协助、支持、监督和指导的作用。

考虑项目涉及专业较多，同步施工也多，因此为了突出工程项目的战略重要性，企业6在所有部门的上层临时设置了一个项目指挥部，委派公司相关副总经理在其中任职，这个项目指挥部并不是对项目进行实质性的指挥和控制，主要是在项目各参与部门间出现难以解决的协调困难时，出面作出行政性的协调决策。

项目管理实施以来，企业6进入了高速发展阶段，公司的市场地位和各种盈利指标都得到了较快的提升。组织变革实施的第二年，企业6的主营业务收入实现了较高幅度的增长，增长率高达90%。在良好的市场环境和变革影响的作用下，企业6在接下来的几年间，盈利水平实现了稳步提升。

通过区域公司的设立，公司的主营业务量和市场占有率得到了大幅提升，基本覆盖了国内绝大部分地区，并向海外的中东地区和非洲地区有所扩展。在此期间，所管辖的区域公司在最多时达到了13家的超大规模，包括海外的2家区域分公司，并在发展过程中配套增设了9家工程公司。每个区域公司发展初期先配备市场、财务、技术等核心人员，在发展过程中，可根据自己的人员需求向总部提出申请，进行人员调度或社会招聘。后期公司总部甚至下放了人员招聘的权限，各区域公司可以根据自己的需要招聘员工。各区域公司经理还可以对自身所需的资源进行调配，与各职能部门进行协调，以获取最大的工作支持。企业6的组织结构图如图4.10所示。

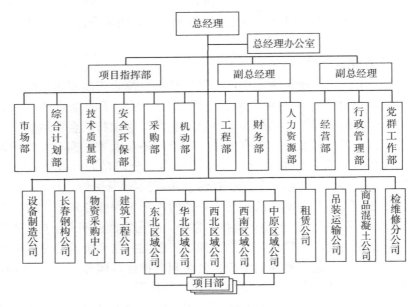

图 4.10   企业 6 的组织结构图

公司通过高效的项目管理体系、资源配置系统、过程控制系统及完善的顾客服务体系，完成对项目的建设、交付和维护，为顾客提供优质的产品和服务。然而，伴随公司进入海外石油目标市场同国际总承包商的竞争，公司暴露出一系列有待改善的问题，这主要包括系统化、标准化、精细化管理不足，项目管理成本偏高，企业管理模式转型带来的人才结构不合理，等等。如何平衡好企业发展中的柔性和效率问题关系着企业 6 的持续高效发展。

7. 企业 7 背景分析

企业 7 是一家提供移动互联网行业全生命周期一体化服务的供应商，公司业务贯穿规划设计、技术研发、推广运营、维护优化的项目全过程。历经七八年的发展，公司已经拥有 200 人以上的研发团队，并建立了自己的产品设计工作室，拥有独立的产品设计及运营团队、项目合作团队。秉承着移动互联网改变生活，传统行业和移动互联网结合的理念，其业务涉及多个行业与领域，其中包括汽车电器、旅游、地产及教育等。

随着移动互联网技术的飞速发展，APP（application，应用）外包作为一门新兴产业正在快速地发展。APP 指能够在平板电脑以及智能手机上运行的小型的应用程序，APP 外包是通过知识管理及技术创新，以项目形式为发包方提供相应的劳务或服务。近几年，APP 市场需求急剧扩大，我国许多互联网企业开始抢滩APP，使得这一市场的竞争越来越激烈。同时，企业营销互联网化、产品互联网化及品牌互联网化等发展趋势也日益加快，有效地带动了企业级 APP 的发展，越来越多的企业逐渐将 APP 作为与消费者接触沟通、品牌推广及产品销售的渠道。在未来的一段时期内，APP 开发市场存在巨大的潜力，而且呈现快速增长的趋势。

　　作为一个主要致力于 APP 外包业务的项目管理型企业，企业 7 正面临着越来越激烈的市场竞争。为了在激烈的市场竞争中脱颖而出，不断提高企业的核心竞争力，降低生产成本，提高收益，企业 7 拟定了如下战略目标，迅速发展壮大公司：第一，吸引更多的人才，占领互联网的市场；第二，吸收更多的资金，以维持公司的正常发展。

　　针对快速发展的市场环境，企业 7 的高层意识到项目越来越多后，必须要加强项目管理，要根据当前项目管理中存在的问题，创建完善的项目管理体系，进而有效提高项目管理水平，提高项目质量，提高市场竞争力，使得公司获得更好的生存与发展。PMO 小组的设立是项目管理的重要突破。PMO 主要负责项目管理工作：每周统计项目进度情况，每月汇报；项目工作质量检查、测试及评估；项目人员安排调整；研发人员架构组织调整；项目经理相关管理类培训。增设 PMO 后企业 7 的组织结构如图 4.11 所示。

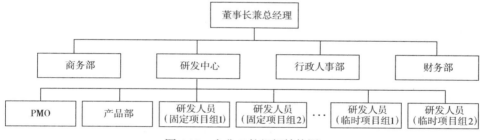

图 4.11　企业 7 的组织结构图

　　追求柔性、个性化和快速应对已然成为企业的关注重心，企业 7 通过项目管理正逐步达成提高柔性管理的目标，但如何同时协调好效率目标成为企业面临的新挑战。

4.3.2　项目驱动型企业组织柔性和效率协同演化的状态分析

　　对于每一个案例企业柔性和效率协同演化状态的分析，借助 NVivo 软件对访谈数据和观察数据进行编码、合并、筛选和归纳，最后保留数据来源大于 3 的数据作为定性分析的证据。此部分所依据的数据包括两类，一类是企业柔性和效率的行为表现数据，另外一类是表现企业柔性和效率关系状态的数据，两类数据的有效数据情况如表 4.3 所示。同时，将同步获取的55份问卷数据进行统计分析，将定性分析的结论与对应问卷条目求得的算术平均值进行对照，这种将定量和定性数据相结合的方式，其评价结果的信效度优于单独使用一种类型的数据[126]。

表 4.3 案例内分析的有效数据

数据类型/分类		案例企业						
		企业 1	企业 2	企业 3	企业 4	企业 5	企业 6	企业 7
柔性和效率的行为表现	访谈	12	14	13	11	10	11	12
	观察	2	4	5	3	4	2	3
柔性和效率的关系状态	访谈	9	8	9	10	9	10	11
	观察	3	3	4	2	3	3	4

由访谈数据和观察资料逐级归纳得到七家企业效率与柔性的访谈有效数据（Ⅰ）和观察有效数据（Ⅱ），作为案例企业效率与柔性协同演化状态分析的定性依据；对七家企业各自的所有有效问卷，求取效率判定和柔性判定的算术平均值，以满分的前 1/3 区间（$3.33 < Av \leqslant 5$）为高效率或高柔性或两者积极作用区间，而后 2/3 区间（$0 < Av \leqslant 3.33$）为低效率或低柔性或两者消极作用区间。经分析，不同案例企业在柔性和效率方面的行为表现以及两者的关系状态差别很大。

企业 1 的最大特点是组织结构采用纯项目式，企业除了高层管理这一层级外，组织方式完全以项目组为单元开展组织活动。一方面，充分利用了项目组内协调便利、服务对象针对性强的优势，能够适应客户与市场的不断变化，表现出较高的柔性。另一方面，企业因为取消了专业和职能的设置，抛弃了标准一致的制度规则，主动权下放至项目层面，缺乏提升员工专业技能的相应措施和渠道，企业针对所有项目组的统一的管理流程和标准规范也被弱化，项目组之间倾向于独立作战而没有共享和系统的意识，组织的整体效率和发展后劲受到威胁。而且，由于企业的效率不能保证，专业水平无从发展，企业 1 的依靠项目小组快速行动的优势也逐渐受到损害。正如企业的一名项目经理所言："项目组对客户的响应速度是快，但没有真本事，解决不了问题，客户同样不买账。"由访谈中受访对象作答的问卷的统计情况可知，该企业所有问卷对组织效率判定的算数平均值 Av（E）为 2.33，对组织柔性判定的算数平均值 Av（F）为 3.82，对组织效率与柔性的关系判定的算数平均值 Av（E-F）为 2.83。所以综合定性和定量分析结果，企业 1 属于忽视效率而过分强调柔性，而效率低下限制柔性的发挥，从而导致企业在效率与柔性间无法实现平衡和良性的演化。

企业 2 是传统的制造型企业，重视企业的专业化优势，并通过培训持续地提升员工的专业技能，通过定期考核等方式强化员工对企业标准规范的执行，因此企业的运作效率得到保证。但是，柔性的表现并不乐观，被访者屡次提到企业对客户新增需求的响应不够及时，围绕项目的跨职能协调费时费力。在企业 2 的实地观察中作者发现，若干项目涉及的部门并不受项目计划约束，组织基于计划的管控受限。因此，虽然企业运行项目管理，但由此带来的灵活性、系统性表现并不明显，企业整体的效率提升也受到限制。问卷统计结果显示，企业 2 所有问卷对组织效率判定的算数平均值 Av（E）为 3.85，对组织柔性判定的算数平均值 Av（F）为 2.55，对组织效率与柔性的关系判定的算数平均值 Av（E-F）为 3.02。所以综合定性和定量分析结果，企业 2 是有一定的效率但柔性不足的类型，柔性不足反过来抑制了组织效率的提升，进而阻碍了组织柔性和效率的协同演化。

企业 3 是一家国有企业，采用典型的按照职能部门划分的组织结构及等级分工明确的管理体系。但是企业并没有严格有效的项目工作流程，标准化和制度化工作缺失，在提升员工专业技能方面做的也不够，企业效率判定的 Av（E）值为 2.76，因此企业整体效率是个问题。而柔性方面，被访者屡次提到企业对客户新增需求的响应不够及时，围绕项目的跨职能协调费时费力，职能间的"鸿沟"无法逾越。企业 3 总经理对此总结到："我们就是明显的'铁路警察'，各管一段，各个部门之间谁也不服谁。"问卷统计测得的 Av（F）值仅为 2.27。如此，企业 3 在柔性和效率方面表现都有欠缺，既未能建立企业职能方面的标准、规范，又缺少针对项目管理的组织调整、制度改进，导致项目目标和客户需求无法有效实现，组织效率与柔性的关系判定结果 Av（E-F）为 2.86。任由低效率、低柔性的情况发展下去，企业将形成柔性和效率的恶性循环。

企业 4 作为老牌的外资企业，积淀了一整套标准化的项目管理流程，员工对自身的项目职责、权力及应得的利益都清楚知悉。结合问卷统计的结果，企业 4 的效率平均值 Av（E）为 4.67，效率水平较高。同时，企业 4 的内部文件显示项目经理负责制保证了企业与客户沟通界面的透明化，项目管理在跨职能的资源整合方面起到了重要的作用。企业 4 的一名项目经理也提到："项目团队在满足客户需求方面有很大灵活自主权。"企业柔性判定的 Av（F）值为 4.18。企业 4 的整体业务分为前期的项目开发环节和后期的项目运营环节，两个阶段有明显的人员分工和差异化考核标准。项目开发阶段企业运用临时项目组来加强灵活性和即时性，而项目运营环节将项目转移至各相关专业部门集中管理，形成规模优势。由于业务特性的缘故，企业 4 这种在时间上将柔性和效率目标进行分离的做法，基本解决了对两种目标的静态平衡问题，组织效率与柔性的关系判定结果 Av（E-F）为 3.58。

企业 5 因为结构的独特性，效率主要体现在正装事业部中。正装芯片技术相对成熟，操作流程标准，项目产品比较稳定，订单可以规模化处理。在机械式职能组织的配合下，正装芯片的成本不断降低，企业运作效率逐渐提高。而倒装芯片的情况完全相反，多数产品处于研发、新产品试制阶段，标准还没达成一致，客户的需求也经常变化。倒装事业部中采用项目临时小组的方式，以直接协调的管理模式追求最大化的灵活性。企业柔性和效率的问卷统计结果 Av（F）和 Av（E）分别为 3.56 和 3.78，柔性和效率情况表现均不差。但因为将正装和倒装截然隔离开，两个事业部之间形成了巨大的隔阂，在共享资源、相互协调与合作方面出现很大的困难，柔性和效率关系的表现 Av（E-F）为 3.06，属于从空间上对柔性和效率目标进行了静态分离。

企业 6 因为项目开展得比较早，尤其是大量海外、国际 EPC 项目的实践经历，使得企业项目管理逐步走向了规范化的道路。企业采用强矩阵式的组织结构设计，各类企业的核心专业都有归属的部门，项目组与专业部门交叉相连，企业的总体管理规范、标准流程与项目管理的若干规则、计划文件相互帮衬，从而实现了项目管理中柔性和效率兼顾的结果。正如该企业的副总经理所说，"企业的总体思路是建立集中与分散相结合的管理体系，集中起来依靠统一协调和一致的管理模式，确保企业的持续发展效率；分散下去依赖各区域公司、项目部等各个层面的自主性，加大对市场发展的适应力"。对企业的相关报告和业绩进行分析可知，企业在结构、流程、权力配置、人员和考核等各个方面基本做到了柔性和效率并举，保证企业面临不同要求时柔性和效率快速转换。问卷调查的统计结果也印证了这一判断，企业 6 的 Av（F）、Av（E）和 Av（E-F）值分别为 4.15、4.07 和 3.98。

企业 7 是目前风头正盛的一家互联网公司，身处日新月异的互联网市场环境中，企业的管理者意识到，只有形成快速的应变能力和区别于对手的竞争实力才能够在这场激烈竞争中取胜。企业的管理体系设计充分遵循适应性及稳定性的原则，既要确保组织具有一定的适应性及弹性，可以根据具体情形的变化作出科学合理的变更，又要保证企业任务和环境变化之时，组织依然可以健康、有序运行。为此，企业从组织架构设计、标准流程出台和人员考核与激励等多个方面进行了精心规划，促使企业能够进行自我调节，从而适应一切变化，并保证稳定、有序地运行。企业 7 问卷统计结果显示，柔性、效率及柔性和效率的关系判定算数平均值分别为 3.99、4.16 和 4.02，企业在快速变化的环境中基本能够实现柔性和效率的协同演化。项目驱动型企业组织柔性和效率关系状态的数据分析如表 4.4 所示。

表 4.4　项目驱动型企业组织柔性和效率关系状态的数据分析

案例企业	柔性和效率的行为表现	柔性和效率的关系状态	问卷统计	结果
企业 1	Ⅰ按项目组划归资源；每组有相应专业人员和项目经理；各项目组相对独立；没有统一分配和控制规则。Ⅱ项目决策由项目组内部商讨决定，如是否加班	Ⅰ项目组间技术交流少，项目成员纵向发展受限；缺乏统一标准，管理参差不齐。Ⅱ纯项目式结构，没有以专业为基础的职能部门	$n=8$ Av（F）=3.82 Av（E）=2.33 Av（E-F）=2.83	忽视效率，偏向柔性
企业 2	Ⅰ服从上级指令，完成分内工作；针对项目的整合与协调推给上级；项目这条线较弱。Ⅱ由六大职能中心构成，生产副总充当项目经理	Ⅰ多项目资源冲突在专业领域内部解决；计划未体现项目需求，未对工艺部门起作用。Ⅱ部门职责和工作流程很完善，员工业绩与项目无关	$n=10$ Av（F）=2.55 Av（E）=3.85 Av（E-F）=3.02	柔性不足，偏向效率
企业 3	Ⅰ各职能部门只管自己专业内工作，不与其他部门协调配合；各部门间互相推诿责任；企业整体对待规章制度不严肃。Ⅱ官僚结构体制，汇报等级严格而低效	Ⅰ常规工作未能标准化；职能部门负责的项目工作不清晰；项目各环节接口问题严重。Ⅱ管理粗放，只有合同的节点计划，没有细化	$n=10$ Av（F）=3.99 Av（E）=4.16 Av（E-F）=4.02	效率和柔性均低，二者相互抑制
企业 4	Ⅰ项目向上直接汇报；为满足项目需求的资源整合能力强；有明确细致的控制标准；业绩考核激励项目成员。Ⅱ强矩阵设计，专业分解得很细	Ⅰ规范的项目流程，规定项目团队如何满足客户需求；企业既重视项目横向整合，也重视专业纵向发展。Ⅱ项目经验不断沉淀为标准，项目计划与控制成熟	$n=6$ Av（F）=4.18 Av（E）=4.67 Av（E-F）=3.58	时间分离，柔性和效率静态平衡
企业 5	Ⅰ各职能部门有完善标准规范；员工对负责的工作清楚明确；重视项目管理，尝试多种项目管理组织方式。Ⅱ重视专业技能培训	Ⅰ正装重点在提升效率，降低成本，倒装重点在探索创新，满足个性化需求。Ⅱ正装部门和倒装部门形成明显的两个派别	$n=6$ Av（F）=3.56 Av（E）=3.78 Av（E-F）=3.06	空间分离，效率和柔性静态平衡
企业 6	Ⅰ项目经理在规则内有完全自主权；同专业交流互动频繁；工资与项目业绩挂钩；采用国际通用的项目管理标准规范。Ⅱ项目经理级别不高，地位高	Ⅰ高层对项目统一进行战略决策，具体项目目标完成由项目团队做主。Ⅱ项目团队内部有来自各个专业的人员，项目完成后回到各自部门	$n=8$ Av（F）=4.15 Av（E）=4.07 Av（E-F）=3.98	效率和柔性相互促进，二者协同演化
企业 7	Ⅰ项目组内部由项目经理组织协调，对外直接与业主对话；具有更大的自由度和灵活性；注重从不同项目中提取相似经验，构建标准模块。Ⅱ企业设有 PMO，组织结构和管理规范不断完善	Ⅰ时间和质量同样重要，项目业绩影响企业市场声誉；项目经理对项目目标明确负责，发挥团队自主性。Ⅱ员工主动性程度高，很多事情自行决定	$n=7$ Av（F）=3.99 Av（E）=4.16 Av（E-F）=4.02	效率和柔性相互促进，二者协同演化

　　注：数据类型Ⅰ代表访谈数据条目；类型Ⅱ代表观察数据条目；问卷统计 n 为案例企业有效问卷数；Av（E）为该企业所有问卷对效率判定的算数平均值；Av（F）为该企业所有问卷对柔性判定的算数平均值；Av（E-F）为该企业所有问卷对效率与柔性关系判定的算术平均值

　　总结七家企业的柔性和效率关系状态可知，项目驱动型企业组织柔性和效率实现协同演化的过程中，可能经历的不同状态包括柔性和效率均处于弱势，两者相互抑制的状态；柔性和效率中任何一方处于明显弱势，两者呈现不均衡的状态；柔性和效率通过时间或空间上的分离而能实现静态的均衡状态；柔性和效率相互促进、相互转化，实现协同演化的状态。项目驱动型企业组织柔性和效率的协同演化状态模型如图 4.12 所示。

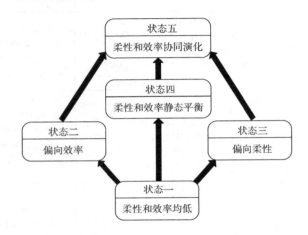

图 4.12　项目驱动型企业组织柔性和效率的协同演化状态模型

4.4　跨案例对比分析

　　跨案例对比分析部分，将所有的案例数据放到一起，探寻数据代表的模式。按照 Eisenhardt 和 Graebner 的建议，这一过程分为两步：首先，选择多个案例企业作为研究对象，列出它们之间的相同点和不同点；其次，以多个维度对这些案例企业进行归类和抽象，找到它们之间共有的理论模式[125]。这里的多个维度主要包括柔性和效率协同演化的环境影响因素维度，柔性和效率协同演化的组织系统内部因素维度，以及柔性和效率协同演化的主观驱动因素维度。对于这些因素的讨论为柔性和效率协同演化的边界条件、必要条件和充分条件的研究提供了支持。

4.4.1　项目驱动型企业组织柔性和效率协同演化的边界条件

　　对于现代企业组织而言，只有在开放的条件下才能保持自身的生存与发展。也就是说，影响柔性和效率协同演化目标实现的，首先是组织的开放性。组织是一个开放性系统，动态变化的市场环境是组织在柔性和效率目标之间不断切换的基本原因。

从处于不同关系状态的七家企业的案例对比分析中可以发现，某些环境特征将促使企业选择效率导向的目标和行为，而某些环境特征则与企业的柔性目标和行为直接相关，而当企业同时面临不同的环境特征，对柔性和效率都有强烈的需求时，组织才会考虑在柔性和效率目标之间形成协同演化。正如企业 7 的副总经理所说："企业在不同状态间灵活转换是要付出代价的，必须考虑这种选择背后的成本和收益。"

柔性和效率协同演化的边界条件分析建立在对七家企业案例数据的环境类因素的分类、整理、归纳、对比和分析基础之上。案例数据的整理和归纳逻辑主要包括哪些因素促使柔性和效率成为项目驱动型企业的悖论目标，哪些因素影响了企业在柔性和效率目标之间的协同演化。

根据对七家案例企业访谈及观察数据的归纳、总结，案例企业在进行柔性和效率目标的选择时，既受到外部环境条件的影响，也受到内部条件的影响。对柔性和效率关系状态形成影响的比较明显的几个环境因素包括市场竞争强度、信息技术发展程度、客户需求多样化程度和劳动力市场成熟度。

1. 市场竞争强度

数据分析显示，市场竞争的激烈程度对企业选择柔性和效率同时作为战略目标具有影响作用。企业 3 之所以形成目前这种柔性和效率均低的不良状态，这与其之前长时间以来所处的竞争环境不无关系。作为国内橡胶塑料机械行业的龙头企业，企业 3 在政策、资源、技术等各个方面都拥有得天独厚的优势。由于该行业在资金和设备方面的进入门槛较高，市场竞争程度并不是很高。企业 3 内普遍流行的说法是："以前的日子好过，只要不闲着，就会有钱赚。"因此，当时企业内并未将提升效率放到战略重要性地位，对于柔性更是完全没有需求。2012 年以来，国内经济增速整体放缓，经济下行压力加大，国内橡胶塑料机械企业的业务订单量大幅缩水。而与此同时，我国橡胶机械企业的数量在持续增多，尤其是大量民营企业以势如破竹的态势发展，再加之部分技术含量较高的新兴领域，被少数国外企业所垄断，整个橡胶塑料机械领域的市场竞争进入前所未有的激烈状态。正是如此，企业 3 才开始意识到原有管理模式的不规范，企业整体处于严重的效率低下状态，而且面对日趋个性化、小批量的项目订单，企业无法形成灵活的响应，企业经营一度陷入绝境。企业 1 和企业 2 有着类似的经历，外部市场环境的一时繁荣，麻痹了企业对效率目标的重视，也无从激发企业对柔性目标的追求。

企业 7 则有着完全相反的经历。它自成立就身处竞争态势瞬息万变，竞争模式异常残酷的互联网时代，企业需要面对的竞争对手数量和竞争压力空前强烈。企业 7 的总经理表示："任何成功都是暂时的，前一秒你有了新的产品，后一秒可能就被模仿或替代，现在的市场竞争很难说出现常胜将军。"激烈的竞争迫使企业同时在多个维度上开展竞争，它不仅不能放弃成本、质量等企业发展的关键要素，还要更重视速度和反应能力，追求产品和服务提供的多样化、敏捷化和对环境的敏锐性和适应性。企业7的各项数据显示，柔性和效率是其两大重要目标。几家在柔性和效率方面表现较好的企业，同样显示出外部激烈的竞争环境对其坚定柔性和效率双重目标的影响作用。

由此可见，激烈的市场竞争可以刺激企业对柔性和效率目标的重视，从而转化成同时具备柔性和效率目标的动力，构成柔性和效率协同演化的边界条件。

2. 信息技术发展程度

七家案例企业的数据都显示出企业所处的技术环境对企业组织功能和目标的选择产生了重大影响。对于企业2而言，因为是来自传统的设备加工领域，企业更重视生产技术在企业发展过程中发挥的作用。正如参与企业2调研的某高校项目管理专业教授所言："生产技术意味着企业的生产能力，构成了对市场需求总量满足的能力。"生产技术的发展具有连续性和可预见性的特征，这使得企业2的任务相对比较稳定。在这种技术条件下，企业首先强调的是内部组织效率，主张应只关注企业内部经济与技术的合理性。管理上强调个人责任，在严密的分工下，每个人被赋予明确的职责和工作内容；同时用上下级间的一一对应关系链保证单个人的影响最小化及工作的整合，构建一个以个人为基础的金字塔管理体系。

相比而言，同为加工制造行业的企业5，却展现出信息技术对企业发展带来的重要影响。信息技术使企业5满足具有特定偏好和需求的个体客户成为可能。通过将信息技术和生产技术结合，采用JIT（just in time，准时制生产方式）、柔性制造系统等先进生产手段，企业5很大程度上提高了产品多样性并降低产品的交付时间。企业6的内部资料显示，企业从战略高度上意识到，随着以信息技术为代表的高科技领域的快速发展，企业需要面对越来越复杂的技术环境。企业的经营发展已经不能彻底依靠对某一专业知识的追求，而是经常需要在项目中融合不同领域间的技术。传统组织的等级结构和大规模生产时代的封闭独立系统严重限制了企业从组织内外融合和集成不同知识与技术的能力。因而，企业6在强化信息技术应用的同时，推出了对成套服务加以拓展和多样化的发展方向，将柔性和效率目标进行了很好的融合。

总之，信息技术的发展很大程度上决定了企业的柔性化进程，在信息技术的推动下，企业才有可能在不减少规模经济的情况下提高定制产品和服务的能力，从而使将柔性和效率共同设定为战略目标成为可能。

3. 客户需求多样化程度

客户需求的多样化趋势也是企业以柔性和效率为组织目标的重要条件。几家在柔性和效率状态方面表现良好的企业，无一不高度重视客户对产品或服务的新颖性、个性化的要求。企业 4 的客户服务宗旨要求，不但要为客户提供具有一流的高性能和高价格比的服务，而且要提供更多的个性化方案满足客户独特的需求。一名项目经理感慨："现在客户对哪家企业来提供服务的依赖性和忠诚度在不断降低，反而对提出问题后的响应速度要求越来越高。"对于企业 7 而言，各种电子化、网络化的信息处理、沟通的手段的完善不仅为企业迅速掌握各种内外信息提供了可能，同时还制造出了更多的内外信息。信息将市场机会、消费者需求信息提供给有关的企业和个人，使企业、竞争对手和消费者之间的信息不对称性迅速降低，从而使个性化、多样性的需求特性在市场中得到解放。正是因为这种多样性特征的发展，企业必须提高组织生产与管理的灵活性来应对快速变化的市场需求，将企业从繁杂的等级汇报中解脱出来，尽可能压缩响应时间和服务周期，赢取客户的满意度。

而表现不尽如人意的企业 3，并没有认识到客户需求的多样化趋势。企业 3 的设计人员借助企业之前在行业内形成的技术优势，试图主导和说服客户，从而固守企业原有的产品型号。然而，这依然不能阻止客户需求向多样化的方向发展，企业 3 也因此面临无法有效应对客户需求的变化而导致客户满意度降低的局面。

由此可见，客户需求的多样性要求企业不得不改变组织策略来面对这种快速变化带来的挑战，需求的多样性程度决定了企业对柔性化目标的重视程度，从而成为影响企业建立以柔性和效率为双重目标的环境因素。

4. 劳动力市场成熟度

数据分析同时发现，劳动力市场整体水平的提升对企业选择以柔性和效率为目标具有推动作用。以企业 6 为例，企业中具有大专以上学历员工占员工总数的 68.28%，拥有国家一、二级项目经理 277 名，国际杰出项目经理和全国优秀项目经理 32 名，取得项目管理专业人士资格认证（Project Management Professional，PMP）、国际项目经理职业资质认证（International Project Manager Professional，IPMP）40 人。伴随员工素质的整体提高，员工对自主决策、自主管理、自主创造的要求越来越高，而企业也改变之前对流水线工人的管理模式，给予员工充分的授权，为激发员工的潜能创造最有利的组织环境。在劳动力水平逐步成熟的前提下，企业 6 将自身的组织模式完全转变为以项目团队为核心竞争单元，柔性目标同时成为企业的关注点。企业 7 也意识到了劳动力市场成熟的重要性。企业 7 的总经理认为："目前，员工素质的提升使组织柔性达到了更高水平。"因为员工教育程度的普遍提升，当企业面临工作内容和思路变更的情况时，员工表现出较强的学习和适应能力，能够更好地适应这些变更，而且还会逐渐培养出熟悉多项工作、拥有多种技能的复合型人才。以此为基础，企业可以在不牺牲效率的条件下获取柔性。

相对而言，企业 3 的总经理认为目前企业发展的重要限制之一，就是人力资源水平的缺陷，因为缺少足够的既懂技术又懂管理的人才，企业离兼顾柔性和效率的目标还差得很远。由此可见，劳动力市场的成熟度可以影响企业实现柔性和效率目标的基本能力，是构成柔性和效率协同演化的边界条件。

以上环境因素一方面阐述了企业所处的环境的动态特性，即环境变化的快慢程度对组织柔性和效率目标的影响。在市场竞争越激烈、技术环境变化得越快、客户响应时间要求得越短及人才适应力越强的情况下，越可以激发对柔性和效率协同演化的需求。另一方面说明了企业所处环境的复杂性，即环境变化的大小幅度对组织柔性和效率目标的影响。伴随市场竞争的范围和深度加强，信息技术的广泛应用，客户需求趋于多样及人员技能越来越全面，企业追求柔性和效率协同演化的条件将变得更加充分。因此，组织柔性和效率协同演化的边界条件可以从市场、技术、客户和劳动力四个因素方面，以不同程度的动态性和复杂性解构出四种类型的环境模式，如图 4.13 所示。

动态性

环境变化快

高不确定差异性环境 市场竞争：激烈且深化 技术环境：广泛信息化 客户需求：快速且多样 劳动力市场：灵活且全面	高不确定相似性环境 市场竞争：范围有限 技术环境：独立系统 客户需求：同质 劳动力市场：单一
低不确定差异性环境 市场竞争：可预测 技术环境：稳定 客户需求：周期长 劳动力市场：保守	低不确定相似性环境 市场竞争：可预测且有限 技术环境：稳定且孤立 客户需求：周期长且同质 劳动力市场：保守且单一

复杂性　变化大　　变化小

环境变化慢

图 4.13　四种类型的环境模式

环境变化快且内容变化大的是高不确定差异性环境。根据数据分析结果，企业 6 和企业 7 面临激烈的市场竞争，信息化发展水平较高，客户要求快速响应且变化多样，劳动力多为复合型人才，因此两家企业所处环境条件主要与高不确定差异性环境相匹配。

环境变化快但变化幅度小的是高不确定相似性环境，代表企业是案例企业 5，因为企业 5 的组织环境虽然动态性特征明显，但业务类型的差异性不大，竞争范围主要集中在同领域可数的几家企业内，客户需求的同质现象较为明显。而企业 2 因为有着国际化的发展规划，企业所面对的产品需求、业务内容虽然变动幅度不大，但对时间有着较为严格的需求，快速灵活是外部环境对企业的基本要求。因此，可以将企业 2 的环境类型近似归类为高不确定相似性环境。

环境变化慢但变化幅度较大的是低不确定差异性环境。企业 4 因为所提供的服务领域发展得相当成熟，而且企业在该领域积累了十多年的经验，整体上环境的不确定程度很低，因此与低不确定差异性环境类型近似对应。而企业 1 所处的环境虽然变化不快，但常常面临客户多样性的需求，重视对客户的专业细分和差异化管理，因此完全改革为项目驱动的管理模式，其所处的环境类型可以近似归类为低不确定差异性环境。

环境变化慢而且变化幅度较小的是低不确定相似性环境，这种环境下的代表企业是案例企业 3。这种环境看似降低了企业发展的难度，是一种优势，但本书想表达的是，这种环境其实是企业自身逃避现实的一种假象，整体环境的大趋势是向动态复杂性发展，而企业自闭于自己营造的稳定环境中，因此也缺乏了对柔性和效率协同演化的追求动力。七家案例企业与四种环境模式的近似对应如图4.14所示。

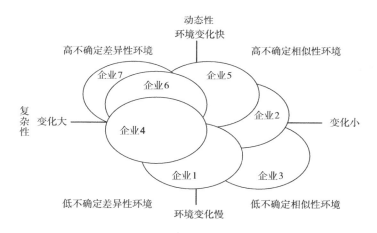

图 4.14　七家案例企业与四种环境模式的近似对应

需要说明的是，企业所处的环境模式并不是一成不变的，随时间推移，各企业所面临的环境将表现新的特征；而且四种环境模式与企业的对应也不是绝对的，任何一个组织的环境都有动态性和复杂性的特征，区别在于动态和复杂的程度不同而已。

4.4.2　项目驱动型企业组织柔性和效率协同演化的必要条件

必要条件所要解答的问题是，在什么样的组织系统条件下，柔性和效率的协同演化将成为可能？对于项目驱动型组织而言，组织内部各子系统、各要素之间存在着大量的直接或间接、明显或潜在的矛盾与冲突，因此组织在普遍意义上是处于远离平衡的状态的，而且组织系统的各要素之间存在着复杂的"非线性"作用关系。这意味着项目驱动型组织本质上就满足协同演化的"远离平衡"和"非线性"作用的必要条件，但是，这种非线性可能导致有序，也可能导致混沌，所以，项目驱动型组织协同演化要有非线性加上兼容性才可以。因此，目标问题被转化为，哪些因素可以影响项目驱动型组织系统的兼容性？基于本书构建的项目驱动型组织"系统—要素"模型，下面将从结构、流程、人员、激励和权力配置五个要素维度对这一问题展开分析。

1. 职能结构与项目结构的耦合

现有项目组织研究普遍认为，执行项目任务更适合采用有机式的组织结构。临时的项目团队、更宽广的视野（而不是某一专业）和松散的组织形式有利于项目成功。本书对比七家案例企业柔性和效率关系状态的数据，发现了另外一个观点。对于一家项目驱动型企业而言，基于项目的灵活组织形式固然重要，作为支撑项目运行的专业化职能组织也不可缺，而且最关键的是两者的相互协调和促进。

七家案例企业中，过分强调柔性的企业 1 取消了以专业为基础的职能部门，各专业全部融合到各项目组中，以专业为基本单元的交流和发展受限，最终因专业管理的弱化影响了企业整体效率。相反，过分依赖效率的企业 2 却因为缺少有效的项目组织建设，面临项目横向整合的问题。企业 2 采购部部长指出："所有项目交杂在一起，没有人对某个项目负责，大家都是各管各的。"由此可见，纵向的职能结构和横向的项目结构是在结构维度构成项目驱动型企业组织柔性和效率兼容性的主要因素。而且，对比企业 3 的访谈结果可以发现，项目驱动型组织陷入客户需求无法满足、组织效率无法保证的恶性循环的原因，在于职能结构和项目结构之间无法有效连接。企业 3 虽然延续了传统的职能部门设计，也在外部咨询团队的指导下，建立了项目经理负责制，但项目对职能的调用十分吃力，职能对项目的配合也不充分，导致组织柔性和效率均无法保证。

对比之下，企业 4 和企业 5 就从组织结构设计上兼顾了柔性和效率两个方面。企业 4 有严格细致的专业分工，每位员工都有其所属的专业领域甚至是服务的客户对象，保证他们是这个领域内的"专家"。同时，他们又有强势的项目经理团体，依靠组织赋予的职责和使命，从各专业调用可以协助完成项目目标的"专家们"。企业 5 则干脆为这两项目标分别进行了组织结构设计，对于正装业务采用机械式组织结构，在倒装业务领域推行项目驱动型管理模式。

继续将企业 6、企业 7 进行对比则会发现，柔性和效率的协同演化不但需要在结构上具备相应的属性，而且这些属性之间要能有效地兼容。两家企业中都具备项目和职能两种结构，企业 6 中的项目经理从项目全局上统筹布局，"专家们"发挥专业特长加以配合，项目和职能在结构上能够有效契合，保证了资源的利用与成长。企业 7 重视在职能部门中形成有效的专业模块，而项目管理的功能是将这些模块进行有效的整合，职能部门的专业化水平及规范程度在提高企业运行效率的同时，降低了项目横向整合的难度，有效提升了组织柔性，从而形成职能与项目之间的良性互动。

对于这一发现的诠释，本书引入物理学中的一个概念——耦合。耦合原意是指系统内各模块间相互作用而彼此影响以至相互连接的现象，耦合强弱取决于各模块间的良性互动程度，可以通过模块间的调用能力来衡量[127]。本书中的耦合度特指职能结构与项目结构之间的协调互动，职能与项目的耦合意味着项目驱动型组织寻找到一种有效连接职能与项目的组织设计模式，而有效的组织设计是保证组织柔性和效率目标实现的基础[24]。由七家案例企业的对比分析可知，实现效率与柔性协同演化的组织系统条件，在组织结构方面最终体现在职能与项目的耦合程度上，具体而言，职能与项目的配合，两者的相互协调、资源整合将促进项目驱动型企业组织柔性和效率协同演化的实现。

2. 标准流程与临时计划的互补

传统组织理论认为，标准化流程是企业高效率的基础。热衷于企业流程再造的学者们对这一观点进行了修正。他们指出，随着市场环境和技术变革的加速，传统的流程设计容易导致组织僵化，新环境下的流程不能单纯围绕职能性工作，而必须是与许多职能相连的水平流程[128]。典型的案例是 IBM 公司建立在各职能基础上，以客户关系管理为主体的流程再造。然而，在项目管理领域，流程管理几乎被边缘化，取而代之的是项目计划，项目驱动型企业组织柔性和效率之间的矛盾由此而生。

案例数据显示，企业 1 和企业 3 所表现的低效率，很大程度上指向业务流程的不规范：企业 1 因职能部门的缺失，业务流程制定与完善没有责任主体；企业 3 中各职能部门的工作流程并不明确，很多常规工作未被标准化。然而，重视效率并为每个部门都建有明确的操作规范与流程的企业 2，同样无法达到效率与柔性的均衡，原因在于企业 2 缺乏针对项目的计划管理，导致组织面对需求变化时的柔性不足。由此可见，流程维度下项目驱动型企业组织柔性和效率关系主要受对企业流程和项目计划如何处理的影响。

均衡情境的企业 4 和企业 5，它们的项目管理建立在一整套标准、规范的业务流程体系之上，并通过规定项目管理的流程、计划制定的规则，将"人的因素"在计划制订中可能带来的影响降至最低。正如企业 4 的运营经理所描述的那样："各部门有它们的标准，项目团队有计划的模板和要求。"标准化业务流程与临时性项目计划同时具备，促使企业 4 和企业 5 实现效率与柔性静态均衡。

关于如何从流程维度保证柔性和效率的协同演化，企业 6 和企业 7 的数据共同表明，流程需要为计划提供标准业务模块，计划需要能够有效整合各职能业务，流程与计划之间应该做到相互支持与补充，这样才有可能实现效率与柔性的协同演化。在此，我们用互补性来表征流程与计划之间的这种交互作用。企业 6 的一名项目经理有感而发，认为"流程不规范，计划怎能细化、准确？"企业 7 中则专门设置了标准化这一岗位，平日里计划的制订建立在流程上，随着计划的推进，一些常规项将被标准化，不断地沉淀到流程中，那些项目中的最优实践被总结为新的标准。

由此可见，流程和计划之间的互补是企业实现效率与柔性协同演化的秘诀。按照 Kerzner 的理解，成熟的计划意味着工具、技术、过程具备坚实的基础[129]。这体现了流程与计划互补中流程保障计划的一面，而计划促成流程的持续优化是两者互补的另一面。七家企业的案例分析结果启示我们，只有个性化的流程和标准固化的流程之间互相补充与促进，才能够保证组织柔性与效率形成有效的协同演化。这一发现的合理性解释在于，虽然项目管理是针对一次性、独特性需求的柔性管理方法，但学者们普遍认为项目管理的最高境界是用标准的、高成功率的方法进行项目管理工作[130]，将临时机制程序化、制度化，有利于建立一种动态、长效的能力培育机制[131]。也就是说，只有在规范的职能流程基础上，项目管理才能发挥提升柔性的作用，进而保证组织整体的效率，实现组织效率与柔性的均衡。

3. 专业技能与多重角色的融合

大量组织研究学者意识到，21 世纪组织发生的重大变化之一就是人员不再是企业中固定岗位上的一颗螺丝钉，而是需要身体、头脑和心灵并用来实现自己的价值。在对七家企业的数据分析中同样可以发现，项目驱动型组织要想实现在柔性和效率目标之间的协同演化，人员起到至关重要的作用。

结果表现不太理想的企业 1、企业 2 和企业 3 中，在人员这一维度上的表现也不尽理想。企业 1 的致命弱点就在于对人员专业技能的忽视，只重视短期项目目标的完成，项目实施过程中缺乏对人员专业上的指导和交流，项目结束后没有从各个专业的角度进行总结和提升，导致企业中成员纷纷抱怨："长此下去，我们的专业水平可能永远都是在原地踏步，我们的发展前途怎么保证？"企业 2 和企业 3 中虽然有对员工专业技能发展的保障，但是，因为固定了员工的岗位职责，只重视员工在该专业内的工作内容和职责技能，导致员工本位主义相当明显，更多的注意力放在自己负责的领域，逐渐形成了局限性的思考模式。

这意味着，专业技能的发展固然重要，但为了保证企业柔性和效率目标的同时实现，还应该培养员工对多重角色的适应力。在这一点上其余四家企业的做法值得借鉴。企业 4 和企业 5 强调企业人员不但有职能部门内部的岗位职责要求，而且要对项目目标负责，必须要满足企业中对这两种角色的要求。企业 4 将这一双重角色从时间上加以分离，企业 5 将这一双重角色从结构上加以分离，很大程度上降低了对人员角色转换的能力要求。但这同时也导致效率目标和柔性目标只是在形式上被加以分别实现，影响了柔性和效率的协同演化。

企业 6 和企业 7 中将对人员的专业技能要求和多重角色转换要求加以融合，注重培养组织成员业务领域专业知识和项目管理领域知识，强调通用管理技能的提升。两家企业中均提供优秀员工专业培训、该在职 MBA 等机会。企业 6 对项目组员的选拔标准中，就涵盖了专业技能水平、沟通与人际管理水平、危机管理水平等多方面的能力要求。企业 7 的一名项目经理指出："在面对客户时，我们就代表了企业，必须灵活应对、全面思考。"正是这种将稳定的专业技能和灵活的员工角色相融合的人员能力，促使项目驱动型组织能够在柔性和效率之间协同演化。

4. 岗位绩效与项目绩效的组合

组织的考核、薪酬和激励体系向来都决定了组织是否能够按照预定的战略和管理规划正常运行。组织变革过程中，只有改变了相应的绩效评价与薪酬制度，变革才有可能得以执行，否则什么都改变不了[58]。对于项目驱动型组织而言，各部门需要围绕项目进行协同运作，传统单纯按照岗位的绩效考核和激励方式根本行不通，几家未能有效实现柔性和效率目标的案例企业充分地说明了这一点。

企业 2 和企业 3 均属于运行项目业务、倡导项目管理，但考核与奖励方式仍然按照岗位和部门来进行，项目运行得如何，项目管理开展得如何，各项目成员的参与程度如何，都未设定详细的考核标准。而这些项目成员所在的部门和岗位，却有固定的绩效考核指标和激励方案，这导致大家并不会以项目为工作重心，严重影响了企业人员在项目上的投入。与此相反，企业 1 的人员考核指标中，完全以项目为准，缺乏对人员从专业、岗位上的考核和激励，进一步恶化了人员在专业技能提升上的缺陷，导致企业人员过多地关注短期目标，而忽略了企业整体的长远发展。

比较而言，其他四家企业既有对员工以过程指标和岗位绩效为导向的考核和激励，又有以项目目标完成情况为导向的考核和激励，这在一定程度上保证了员工既能够重视自己的本职专业工作，又能够努力地完成项目中承担的任务，从而获得岗位和项目绩效的双重激励。但其中涉及一个问题，即岗位绩效和项目绩效的组合比例应该是怎样的？企业 7 的副总经理坚定地认为："你想让员工做什么，做到什么程度，那你就该考核什么，设定相应的奖励分配比例。"企业 6 在考核和薪酬制度设计上可以算是树立了典范。人员的薪酬除了由岗位工资、年终工资、津贴构成的基本工资外，还包括与公司总体绩效相关联的绩效工资，以及与经济指标、管理指标、财务指标完成情况相挂钩的效益工资，项目绩效则以项目超额利润的 50% 分配给项目团队，由项目团队内部进行分配。事实证明，将岗位绩效与项目绩效进行适当合理的组合，可以极大带动员工的自主性和积极性，从而保证企业在面对稳定、常规任务时，员工能够发挥效率功能，而面对变化和特殊需求时，员工可以灵活应对，进而实现柔性和效率的协同演化。

5. 战略层集权与项目层分权的结合

组织柔性学派的重要观点之一是组织的分权管理有利于发挥员工的主动性和创造性，从而提升组织柔性[132]。而从战略视角却存在这样的忧虑，即企业过于青睐分权，很可能导致"缺少事业前景"综合征，使企业陷入不可控状态[133]。集权还是分权的抉择构成项目驱动型企业组织柔性和效率在权力配置维度的矛盾基础，影响项目驱动型组织对效率与柔性的协同演化的实现。

效率低下的企业 1，主要问题在于未能从总体上明确战略目标和确定项目优先级，而各项目在维护自己的权力和利益时，不可避免地形成企业内大量的冲突。一名项目经理表示："谁都认为自己的项目最紧要，所以互相挤对、扯皮。"而项目重要性的排序，事实上应该是企业高层的战略决策，依赖于企业集权。企业 2 反映的问题正好相反，大多数项目决策权在高层手中，并没有锻炼出一支有能力独立管理项目的团队，而这在很大程度上限制了企业柔性化，降低了企业应对市场变化和客户需求变更的能力。企业 3 的问题更为突出，它具有国有企业的典型特性——自上而下的权力级别，项目团队虽然被赋予了一定职权，但这仍无法扭转根深蒂固的等级观念，大量项目决策仍由企业高层和职能经理主导，影响了项目决策的效率和灵活性。可见，集权和分权必须适当地配合才能解决柔性和效率的悖论问题。

企业 4、企业 6 和企业 7 在这一问题上给出了满意的答案。虽然接受访谈的项目经理都一致地承认自己被授予全权管理项目，但当问及"企业是否倾向于决策权下放"时，他们又都一致地给出了否定的答案。企业 6 的一位项目经理给出的解释是："其实我们企业很集权，是战略上的集权，高层的战略意图早就融到内控体系里……但具体到项目上，又是分权的，但这种分权也是在内控体系范围内。"观察企业 4 的组织结构与职责描述可以发现，企业高层设置了大量辅助战略决策的职位，如负责调查全球合作客户开拓的部门、整合最优项目实践的部门，通过集中决策掌控企业的整体发展方向。而对于经过企业战略筛选、确定了优先级的项目，项目经理则拥有如何组织和实施项目的决策权，以实现灵活的管控。根据企业 7 的经验，权力配置上的有效做法是将企业的战略目标分化到每个项目上，而项目的权力空间建立在企业管控框架内。

因此，项目驱动型企业组织柔性和效率协同演化在权力配置维度的关键因素，可以归纳为将战略层的集权和项目层的分权相结合[134]。从决策理论视角看，决策的速度影响组织效率，而决策权的下放程度影响组织柔性。当决策环境处于动态变化中时，通过权力分散带来的信息共享，对决策的有效性更显著[135]。项目层的决策繁杂多变，权力分散到项目团队中，有利于多方决策、及时响应；而战略层的决策用于统一规则、确定优先级等，须依靠具有最高权威的高层统筹布局[136]。因此，将战略层集权与项目层分权结合使用，才能够保证组织柔性和效率得到兼顾并有效转化。

总而言之，柔性和效率的协同演化要求企业对支持效率目标和支持柔性目标的系统条件具有兼容性，具体体现为职能结构与项目结构实现耦合、标准流程与临时计划实现互补、专业技能与多重角色充分融合、岗位绩效与项目绩效合理组合及战略层集权与项目层分权有效结合五个方面。

4.4.3　项目驱动型企业组织柔性和效率协同演化的充分条件

经过理论分析，研究项目驱动型企业组织柔性和效率协同演化的充分条件，最关键的是找出柔性和效率协同演化的动力来源，发现哪些因素可以促使项目驱动型组织产生主观能动性，积极地推动柔性和效率的协同演化。

经过对案例数据的归纳和整理，七家企业分别展现出三种不同的动力来源方式，有来自于高管战略决策的自上而下的驱动模式，如企业 2 和企业 3；有来自于组织成员的自主推动的自下而上的驱动模式，如企业 1；还有高层管理者的战略支持和组织成员的积极参与共同作用的双层互动的驱动模式，如企业 4 和企业 6。其中虽然都涉及人员这一关键要素在柔性和效率悖论问题中的影响作用，但人员的参与程度、人员的主观意愿及决策行为却有着明显的区别，从而构成了对柔性和效率协同演化的不同作用效果。因此，可以将项目驱动型组织中主观能动性的驱动模式归纳为自下而上、自上而下和双层互动三种，分别探讨组织人员对柔性和效率协同演化的作用方式。

1. 自下而上的驱动模式

案例企业 1 是典型的自下而上对柔性和效率关系产生驱动作用的类型。企业 1 采用的是纯项目式的生产组织模式。每个项目直接由项目经理负责组织、协调，对外项目经理也能直接与客户对话，项目经理掌握了项目实施阶段的主要权力。确定项目组后，项目组的首要目标就是完成特定的项目，每个项目成员的责任和目标是对项目总目标进行分解得到的，而且，项目经理可以直接对项目成员进行管控，有助于项目目标高效完成。

在这种组织模式下，企业对于客户需求变化、市场竞争情况的信息主要掌握在项目经理及项目团队成员的手中。这些信息需要从底层向高层集中，进而为企业对环境作出判断及反应提供必要的依据。因此，企业 1 依据环境的变化来选择效率或者柔性目标，并实现柔性和效率的协同演化的整个驱动过程是自下而上进行的。

然而，企业 1 的发展现状证明这种自下而上的模式并未很好地促进柔性和效率的协同演化。首先，在项目经理能力参差不齐的条件下，很容易因项目经理能力有限而导致部分情况无法被及时发现和解决，从而影响组织的整体发展；其次，因为项目组通常是稳定的组合，项目组之间逐渐形成了边界，项目组之间的资源调配异常困难，局部目标在很大程度上掩盖了企业的整体目标，滋生了项目组短视且局部发展的思维模式；最后，自下而上传递的信息具有多变、繁杂的特征，各项目组从各自的角度提出柔性的需求，反而无人对企业的整体效率负责，最终导致决策过于柔性，企业管理陷入盲目、随机的境地。

总体而言，自下而上的驱动模式中，一线的项目经理及项目团队的主观意愿起到了重要的作用，他们是否能及时、真实地反映环境的动态变化情况，能否主动积极地处理柔性和效率的悖论关系，都决定了组织是否能够有效地实现柔性和效率目标。而此时，高层管理者更多的作为仲裁者，对获取的信息、面临的各方面冲突进行协调。

2. 自上而下的驱动模式

案例企业 2 和企业 3 更多地展现出企业高层管理者在选择柔性和效率目标决策中的关键地位。两家企业中，项目目标、需求及项目环境等信息主要来自于企业高层管理者，项目团队由各职能部门下的专业人员所组成。高层管理者会根据项目特征，从项目实施关键部门内指定项目协调人及相关参与人员。项目协调人负责各个部门的项目任务衔接与信息收集。项目协调人向其所属部门的负责人汇报项目情况，一般由各部门主管和高层管理者决定哪些人做哪些工作、何时完成，并处理项目管理过程中的风险或矛盾。而项目参与成员在原来的职能部门管理下既要完成临时的项目任务，又要完成既定的专职工作。项目的各项协调工作由原组织中各职能部门主管或职能部门以上的高层管理者来进行，使得项目的协调工作效率降低，项目参与者也常常感到力不从心。

在这种组织环境下，高层管理者处于对环境和客户需求变化的决策响应中心，近似于对外部刺激进行集成处理并作出反应的"CPU"（central processing unit，中央处理器）中心。高层管理者根据企业的战略意图和发展目标，来对组织所处的环境进行判断，确定企业应该以效率还是柔性的功能来匹配相应的环境要求，并将这一决定通过职权等级传递给各个职能层级和项目团队，以实现高层管理者的战略意图。整个过程是自上而下驱动的，高层管理者表现出较强的主观能动性，驱动组织伴随环境的改变在柔性和效率目标之间实现转换。

这种模式同样不利于有效的柔性和效率协同演化，企业 2 和企业 3 所遭遇的难题证明了这一点。企业 2 的总经理表示："企业柔性不足的最大问题就在于，只有少数的人在思考，其他人都是服从和执行，甚至很多时候，上面作出决定和指向，也没法很快落实。"企业 3 的问题更为突出。虽然有明确的项目目标，但在项目管理过程中，每个部门强调专注于自己的专业，不清楚其他部门的情况，摆出一副"事不关己，高高挂起"的态度。因此，企业上下大多数人对企业要实现的整体柔性和效率目标并没有重视起来。企业 3 的总经理用"铁路警察，各管一段"来描述这一现象。

由此可见，只有高层管理者对环境的变化具有积极的态度和主观能动性并不够。当面临环境变化时，自上而下的驱动模式同样无法使企业决定以效率还是柔性的功能加以应对，从而影响组织柔性和效率的协同演化的实现。

3. 双层互动的驱动模式

相对而言，其他几个案例企业中以上两种模式都有存在，既有来自于高管的战略决策，又有来自于具体执行人员的自主推动，因此可以看作自上而下和自下而上相结合的双层互动的驱动模式。

以企业 4 为例，在企业的组织结构与职能设计中，不仅有企业高层管理团队对外部环境变化和企业目标调整的时刻关注，还设置了大量辅助战略决策的职位，如负责调查全球合作客户开拓的部门、整合最优项目实践的部门，通过集中决策掌控企业的整体发展方向。而对于经过企业战略筛选、确定了优先级的项目而言，只要是在企业各种规则的范围内，与项目相关的所有人员都被鼓励自行判断、自主决策。项目经理可以发挥自己的人际关系处理能力，决定如何组织和实施项目；项目组员可以利用自身的专业特长，对项目的实现方案提出合理化建议。正是这种高层管理者理性决策和企业人员主观能动性的配合，使组织实现高效的管控和灵活的应对成为可能。企业 6 同样重视自上而下和自下而上的决策模式。在企业 6 中，总项目经理是企业副总经理，对企业发展方向有话语权。项目是企业战略实施的载体，代表着企业长远发展的方向，项目化的管理模式对企业的发展起到了非常显著的促进作用。副总经理如是说："我们重视从总体上对项目管理的管控，但也强调给予项目部门最大的自主空间。"正是在这种组织环境下，企业 6 既保证了从战略上实现各项目之间，以及与企业总体目标之间的协同，促使企业得以高效稳定发展，又保证了各个项目的实施过程中具有足够的柔性。在高层领导者和组织成员的共同努力下，企业能够依据对不同环境要求的判断而选择效率或者柔性目标，驱动柔性和效率协同演化的实现。

结合七家企业柔性和效率关系状态的对比发现，三种模式下包含了不同的驱动因素，对企业柔性和效率的协同演化产生了不同的驱动效果，主要对比情况如表 4.5 所示。

表 4.5　柔性和效率协同演化的三种驱动模式

驱动模式	驱动要素	驱动效果	代表企业
自下而上	组织成员的自主性	有一定柔性，但缺少集成效率	企业 1
自上而下	高层管理者的推动	倾向于效率目标，但柔性不足	企业 2、企业 3
双层互动	高层管理者的战略支持和组织成员的积极参与	促使企业兼顾柔性和效率目标，并随外界环境变化在两者之间协同演化	企业 4、企业 5、企业 6、企业 7

自下而上的模式中，驱动因素主要来自项目和一线人员，使他们在与市场和客户的接触中，直接地感受到环境对组织的需求，从而可以驱动组织对柔性功能的需要；但这一过程中因为缺少全局思维和集中决策，使组织忽视效率，而导致组织的不平衡发展。自上而下的模式中，驱动因素主要是高层管理者的意图和决策，他们从企业战略发展的角度对组织所处的环境进行判断，从而选择以效率或者柔性为目标进行匹配；然而，高层管理者单方面的推动很可能无济于事，尤其是在快速响应和灵活应对方面，由于缺少组织成员的积极参与，而使组织缺乏必要的柔性。双层互动的模式由高层管理者的战略支持和组织成员的积极参与共同构成驱动因素，一方面高管人员从战略意图上表现出对组织柔性和效率目标的共同支持，并以此为前提根据相应的环境需求进行合理的战略决策；另一方面组织成员尤其是与市场和客户密切接触的项目成员，既需要有系统思考的意识——意识到组织集成效率的重要性，又应该有权限、有能力、有动力在快速变化的环境中快速寻找应对策略，保证组织的灵活性。

根据数据分析结果可知，项目驱动型企业组织柔性和效率协同演化的充分条件来自于高层管理者和组织成员两个层面的主观能动性，具体表现为高层管理者选择在柔性和效率目标之间动态转换的战略意图和决策支持，以及组织成员对实现柔性和效率协同演化过程中的系统思考和积极参与。

4.4.4　项目驱动型企业组织柔性和效率协同演化的条件模型

经过跨案例对比分析，本章从边界条件、必要条件和充分条件三个方面详细阐述了影响柔性和效率协同演化的环境和组织条件。边界条件解释了什么样的情境特征意味着组织需要实现柔性和效率的协同演化；充分条件分析了在哪些因素的驱动下组织可以实现柔性和效率的协同演化；而必要条件阐释了只有具备哪些组织条件，柔性和效率的协同演化才可能顺利进行。三种条件各自的功能不同，从不同角度对柔性和效率的协同演化条件加以界定。然而，三种条件对柔性和效率协同演化的影响又是密切联系的，只有三者共同作用，才构成柔性和效率协同演化的有效条件，促使组织在柔性和效率目标之间实现协同演化。项目驱动型企业组织柔性和效率协同演化的条件模型如图 4.15 所示。

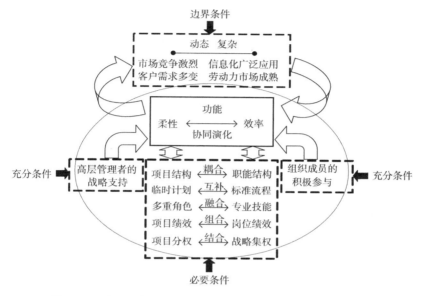

图 4.15　项目驱动型企业组织柔性和效率协同演化的条件模型

如图 4.15 所示，边界条件要求，项目驱动型组织的内外部环境是动态而且复杂的，对柔性和效率目标均具有强烈的需求。具体而言，组织所处的竞争环境十分激烈，客户需求灵活多变，促使企业必须追求高度的柔性化；而信息化的广泛应用和劳动力市场的日渐成熟，使企业可以在不损害组织效率的情况下提升组织柔性。在组织环境符合了边界条件的情况下，动态的环境信息将被输入组织内部，而此时，组织需要具备驱动组织在柔性和效率目标之间协同演化的动力来源。对于项目驱动型组织而言，这一驱动力来于高层领导者和组织成员的共同努力，既需要高层管理者从战略角度的支持和集中决策，又需要组织成员对柔性和效率问题的系统思考和积极参与。只要在高层管理者和组织成员的双重驱动下，组织柔性和效率的协同演化就具备了充分性。但真正实现柔性和效率的协同演化，是建立在组织具备一定的必要条件的基础上。这意味着，组织不但需要内部含有具备矛盾关系的柔性和效率系统，而且需要在两个系统之间建立兼容性。这种兼容性主要由组织系统的五个基本要素的兼容性加以表征，包括职能结构与项目结构实现耦合、标准流程与临时计划实现互补、专业技能与多重角色充分融合、岗位绩效与项目绩效合理组合及战略集权与项目分权有效结合五个方面。当组织满足了系统和要素兼容性的必要条件，并处于动态和复杂的组织情境中时，在高层管理者和组织成员的积极推动的前提下，项目驱动型企业组织柔性和效率的协同演化就具备了基本的条件。

第5章 项目驱动型企业组织柔性和效率协同演化的动力机制

基于对项目驱动型企业组织柔性和效率协同演化所应具备条件的认识，本章进一步研究柔性和效率协同演化的动力机制，探讨通过怎样的相互作用关系，经历怎样的相互作用的发展过程，可以实现柔性和效率之间的协同演化。以此目的出发，本章首先整理组织系统发展演化中的相关作用机制，并在此基础上构建柔性和效率协同演化的动力机制分析框架；为了能够获得协同演化的变化历程和过程细节，研究方法选择纵向性案例研究，通过对两家企业柔性和效率协同演化经历的深入跟踪和调查，发现和总结这一过程中蕴含的作用关系和作用机理，在实践数据和现有理论的迭代中，构建项目驱动型企业组织柔性和效率协同演化的动力模型。

5.1 理论分析与研究框架

5.1.1 组织系统演化的机制分析

普遍意义上，对于系统演化的机制分析意味着发现系统内部的子系统与各要素之间的相互作用，以及由此对系统的维持、发展或变迁产生的运作方式和规律。本书所指的组织系统演化的机制是企业组织在一定的条件下，通过某种相互作用的力量推动组织发展的具体过程，是对组织演化的动力机制的探讨。

系统演化理论中，对系统演化的机制分析主要从五个过程阶段展开：第一阶段是系统内部非线性相互作用的产生，这要求系统处于开放的远离平衡的环境中，而系统内部充满了各子系统或要素之间的非线性相互作用；第二阶段是系统受外部环境变化的影响，产生变化的需求，使系统进入变化的临界状态，并产生分岔；第三阶段要求系统内部在非线性的作用下，产生自稳定性、负反馈等作用机制；第四阶段中系统经历了从分岔到稳定的过程，开始逐渐形成新的结构和功能；第五阶段则是对这一新变化的继续选择和强化，从而完成协同演化的一个过程[137]。

这意味着，认识组织系统的演化，就要具体分析企业组织在何种情境下发生变化，变化的过程分为哪几个阶段，变化过程中组织内部是如何相互作用的。这涉及两个层次的发展过程，首先是组织系统与外部环境之间的互动过程，在这一互动中，组织系统为了适应环境变化的需求，而对自身系统功能提出整体性的变化需求，构成了"环境—功能"的系统发展过程。其次是组织系统为了实现新功能，在系统内部各子系统或要素间引发的作用关系的改变。这一过程中，相互作用是系统产生新关系并将新关系统一的重要机制。在相互作用的发展过程中，系统更新了要素的属性及要素之间的关系，获得了新的系统结构并发展出新的系统功能，从而产生对变化环境新的适应力，组织系统完成了一段演化过程。因此，对于组织系统演化的机制分析，可以从环境和功能的互动过程及要素间相互作用过程两个层面展开分析。

1. 环境和功能的互动过程

任何系统都存在于一定的环境中，在特定的环境影响下维持、发展和演化。在一定的环境条件下，系统只有具备特定的功能，才能与环境相适应。企业组织作为一个开放的系统，能够探知环境中发生的任何变化。当环境发生改变时，企业组织需要调整组织的整体功能，以形成组织与环境之间新的依存关系。经典组织理论认为，环境复杂性是造成组织复杂性的根本原因[109]。

系统所处的环境与系统功能之间是双向的互动关系。一方面，环境影响了功能对象或者功能属性的选择。一个系统可以有多种功能属性，而且很多属性之间是具有矛盾性的，系统具体表现为哪个功能侧面，主要取决于内外部环境对于系统功能的需求。也就是说，只有在特定的组织环境中，系统才能发挥其应有的功能。另一方面，系统功能的发挥也有赖于环境所提供的条件。组织为了充分发挥系统的特定功能，应该主动地选择、培育甚至改造组织环境。虽然系统的功能可以千变万化，但是每一个组织的存在有其最初的动机，如大多数企业组织是以营利为目的的，因此，组织系统为了更加充分地实现盈利的功能，就会倾向于选择那些市场机会多、利润空间大的领域。

环境和功能之间的互动过程为组织系统发展演化提供了重要的动力来源。环境的改变，环境与组织系统之间相互联系方式的改变，都可以引发组织系统内部发生变化，最终导致组织系统整体功能的改变。通常，这被认为是协同演化的外因。外部环境的变化意味着系统与环境间的资源交换方式或两者间的相对依存关系发生了改变，而这时，系统为了生存发展，必须适应这种新的交互方式。然后，适应却是相对的，不管是环境的改变，还是系统自身的改变，总会导致组织系统与环境间或多或少的不适应。这就对系统向新的状态发展提出了需求，系统必须通过改变自身内部的作用关系，或者改变其与环境之间的作用关系，来达成对环境新的适应。于是，组织系统的发展演化就产生了。

2. 要素间相互作用过程

系统理论认为，系统的功能由结构和环境共同决定。这里，结构就是组织内部要素及要素间的关系。环境可以影响功能的选择，然而要实现功能的转变，必须建立在要素及要素间关系的改变基础上。因此，组织系统发展演化的第二个过程是组织系统中各要素之间的相互作用过程。

这一过程体现的是要素及要素间关系对于系统功能的支持作用。系统中要素及要素间的关系是系统功能的基础，系统的功能与功能的变化依赖于要素及要素间关系的变化。偏向于刚性、等级化的要素类型，则所构成的系统具有机械型的功能；偏向于柔性、扁平化的要素类型，则形成的系统多数是有机的功能。系统要素所表现的属性不同，则系统的功能也不同。从层次上看，系统的功能是表现在外的，而构成系统的要素及要素间关系是深藏在内的。系统的功能在适应不断变化的环境的同时，是内在的要素及要素间关系改变属性，变化作用关系类型，从而由内而外对功能的变化进行支持的过程。

协同演化理论认为，要素间的相互作用是协同演化的终极动因，也通常被称为协同演化的内因。相互作用又可以分为竞争和协同两大作用规律。系统一方面是一个统一体，另一方面其内部组成要素间又充满竞争，这两个方面看似自相矛盾，但这却是系统的本质。系统的整体性，恰恰是以系统中各要素之间的竞争为基础的。竞争源自要素之间的差异性，没有差异，就不会有竞争；要素在自我发展演化过程中，这种差异性引发了要素之间在地位变更、性质改变上的差异，表现为竞争的过程。然而，要素间的竞争是与协同相联系的竞争。协同反映的是要素之间保持合作性、一致性的状态和趋势，没有要素之间的合作，要素之间只强调差异性和竞争，那么系统将不复存在[138]。

正是要素之间这种竞争和协同的相互作用，系统内部的矛盾各方才可以既相互联系又相互作用，既相互依存又相互制约，从而使系统产生整体性的行为和功能。而要素之间发生的竞争和协同成为协同演化的内在推动力，竞争和协同的相互作用过程构成了系统的发展演化过程。

5.1.2　组织柔性和效率协同演化的动力分析框架

根据组织系统发展演化的理论分析可知，协同演化的动力机制涵盖了企业组织在何种情境下发生变化、变化的过程分为哪几个阶段、变化过程中组织内部如何相互作用等内容。协同演化的本质是与系统相关的环境、功能、要素及要素间关系的一组相互作用的过程。探究协同演化的动力机制主要包含演化所经历的过程及每个过程中涉及的相互作用两个层面。

　　由此可知，对于项目驱动型企业组织柔性和效率协同演化的动力分析，就是要发现和归纳组织变化过程和组织内部相互作用中的规律，以及这些规律如何发挥作用，推动组织柔性和效率实现协同演化。为了获取柔性和效率协同演化的动力机制，同样可以从演化过程和过程中的相互作用两个层面来展开，这构成了对项目驱动型组织中柔性和效率协同演化进行动力分析的基本框架，如图 5.1 所示。

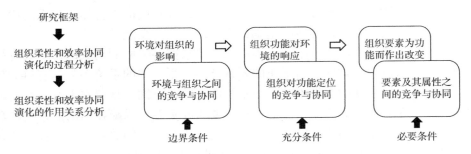

图 5.1　组织柔性和效率协同演化的动力分析框架

　　动力分析的第一个层面是柔性和效率协同演化的过程层面，是对柔性和效率协同演化的过程分析，要回答的问题是柔性和效率实现协同演化将经历怎样的过程。参照组织系统协同演化的理论分析，这一过程可以分为两个环节，其一是环境和系统功能的互动过程，其二是功能和要素及要素间关系的相互作用过程，两个过程结合起来，才意味着一段演化的实现。在柔性和效率的协同演化过程中，满足特定的边界条件时，环境因素的改变要求组织在柔性和效率功能之间进行选择，而这一要求经组织的高层管理者和组织成员的主观能动性加以确认，转化为组织在柔性和效率功能间转换的需求，环境与功能的互动在环境影响和组织响应中得以实现。在高层管理者和组织成员对功能转换的驱动下，组织内部在效率子系统和柔性子系统之间将产生相互作用，在相关要素及其属性的协同与竞争中实现功能转换的目的。因此，柔性和效率协同演化的过程分析的框架，就可以建立在协同演化条件的基础上，以环境与功能、功能与要素的两大核心作用过程加以分析，探索项目驱动型组织中柔性和效率协同演化所经历的具体过程。

　　动力分析的第二个层面是柔性和效率协同演化所涉及的相互作用层面，是对柔性和效率协同演化的作用关系分析，要回答的问题是柔性和效率实现协同演化的过程中都涉及哪些作用关系，经历了怎样的相互作用。由组织系统发展演化的理论分析可知，协同演化中的相互作用主要涉及竞争和协同两种，而且两种关系在系统发展演化中都是必不可少的。没有竞争，系统就缺少了发展的动力；而没有协同，系统就会越来越不稳定，最终走向解散。在柔性和效率协同演化的两个核心作用过程中，同样会涉及竞争和协同的相互作用关系，只是这些相互作用的主体和对象，相互协同的方式和路径都可能不尽相同。这里将重点参考序参量的役使原理，分析在柔性和效率竞争和协同的作用过程中，存在怎样的役使规律，哪些要素会作为序参量，最终使组织在柔性和效率功能间进行转换，从而发现一个可以有效地消除柔性和效率的摩擦，使得柔性和效率的实现不是相互掣肘、相互矛盾，而是相互兼容、相互结合起来的协同演化机制。

5.2　研究设计

5.2.1　方法选择及分析逻辑

本章的研究目标要求对组织在一段时间内所经历的柔性和效率功能的转变作出跟踪，需要深入了解整个转变的前因后果和作用过程，最为适宜的方法是纵向性案例研究（longitudinal case study）。Yin 将纵向性案例研究描述为对于同一个案例选择两个或两个以上不同的时间点所进行的研究[139]。纵向性案例研究的最大特点是可以揭示所聚焦的案例是如何伴随时间的发展而发生变化的。此类研究通常会涉及不同阶段或不同过程的划分，分析单位为嵌入性的阶段或过程。根据对这些嵌入性分析单位的考察和对比，同一组过程中可以归纳出共性的特征，而过程间因不同的特征而产生差异。出于增加研究结论可靠性的考虑，本书选择双个案纵向性案例研究。在独立地对两个案例进行纵向性分析的基础上，将所得的发现和结论在两个案例间进行逐项复制，实现相互印证，从而使所得的结果具有更强的推广性和适用性。

为了更好地实现纵向性案例研究的目的，本书在纵向性研究的同时采用了两项案例分析技术，分别是时序分析技术（time-series analysis technique，TSAT）和关键事件技术（critical incidents technique，CIT），遵循这两项分析技术所提供的分析逻辑，实现对柔性和效率协同演化的过程和作用关系的探析。

1. 时序分析技术及其分析逻辑

案例研究采用时序分析技术最主要的目的就是找出案例发展中前后时间跨度内所产生的变化和规律，可以突破截面式案例研究中特定时期或特定情境下的静态评估，实现跨时期、不同情境下对案例问题的动态观察。通过对跨时期事件和现象进行细致和精确的总结、对比，可以找出某些在时序上存在的发展规律，有效保证案例分析的内部效度。

时序分析技术的使用要建立在理论性的趋势预测基础上，即在案例数据收集和分析之前，就形成了对某一问题中所涉及发展过程和关系的基本预判。时序分析技术的基本逻辑就是，基于案例所体现的某些维度或指标，将案例的发展划分为若干具有明显边界的时间段，找出每一分段的过程特征和分段之间的相互联系，并将这些发现持续地与理论预判进行对比，检验案例数据与理论分析的模式匹配情况，最后通过解释发展出新的理论观点。

　　本书中根据理论分析基本确定了柔性和效率协同演化将经历的几个主要过程，在这些过程的发展推进中，组织柔性和效率的关系状态将发生动态的变化。因此，应用时序分析技术对案例进行分析时，便可以按照组织柔性和效率的状态指标进行时间段的划分，然后在不同的时间段里，观察柔性和效率关系状态的变化所伴随发生的过程和作用关系，解释这些变化之间存在的相关性。

　　对于双个案研究而言，完全可以遵循和复制同样的逻辑进行时序分析。不同的案例背景下，所设定的时间序列模式可能有所不同，但正是在这种背景有所差异的情形下，所得到的相同结论才更有说服力。

　　2. 关键事件技术及其分析逻辑

　　在时序分析的基础上我们可以看到案例发展在时间上的趋势，但这并不是案例研究的最终目的，发现和总结在这些时间发展趋势背后各种事件之间的关系，解释事件为什么和如何演变，才是案例分析的主要目的。时序分析对过程的划分为判定案例中包含的相关关系创造了条件，而接下来需要借助关键事件技术探究每个发展过程所依赖的相互作用关系。

　　关键事件技术属于对案例离散事件的不连续分析，分析的逻辑在于通过追溯在趋势发展变化的一段时期内产生重要影响的关键事件，考察这些关键事件的整个变化经过、变化前后的差异及各相关主体的相互作用和表现等，有效还原事件过程与结果的协同演化全貌，从而发现特定情境下事件发生和变化的原因及规律。通常，关键事件分析中将涉及众多不同类型的变量，这些变量间将呈现较为复杂的关系，只有通过对关键事件的详细记录、考察和多角度验证，才能够对变量间的关系产生较为全面和深刻的认识。将这些认识和发现持续地与理论分析所预测到的情况进行对比，就可以作为柔性和效率协同演化过程中相互作用的理论推断的基础。

　　与常规的案例数据描绘相比，关键事件技术能够更好地展现与研究主题相关的数据，使实践证据更加丰富和形象，有助于提升案例分析和结论的质量。而且，双个案研究在相互对照中，能够形成某些模糊关系的互补和解释，可以进一步提升理论推断的说服力。

　　综上所述，本章所采用的研究设计与分析逻辑如图5.2所示。

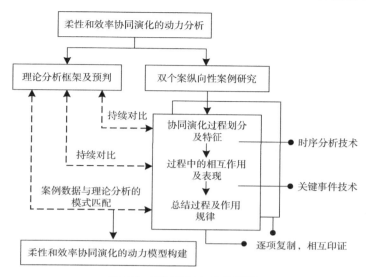

图 5.2 研究设计与分析逻辑

5.2.2 数据来源

为了实现在纵向性案例研究中考察组织柔性和效率协同演化的过程和作用机制，案例研究对象必须具备以下两个条件：首先，案例企业必须重视柔性和效率的悖论问题，而且强调柔性和效率目标兼顾和动态发展，能够提供本书所需的情境；其次，案例企业的数据收集具有可获得性和可持续性，方便进行多次深度和焦点访谈，能够从各个角度、各个层面对企业进行问题追溯和深入探究。

基于主题相关性和研究便利性的条件限制，本书以企业 6 和企业 7 作为双个案纵向性研究的案例企业样本。在对项目驱动型企业组织柔性和效率协同演化的条件分析中，本书对七家项目驱动型企业进行了柔性和效率关系状态的判断，其中，企业 6 和企业 7 显示出较为明显的柔性和效率协同演化的趋势和特征，而且具备柔性和效率协同演化的基本条件，符合主题相关性的要求。此外，企业 6 和企业 7 的高层管理者与本书作者之间有较为密切的研究合作关系，作者对两家企业有着长期的跟踪了解，并多次到企业现场进行深度交流和访谈，满足研究便利性的条件。作者曾对企业 6 和企业 7 就组织变革和发展问题各形成一篇教学案例，这两篇教学案例的编写也为深入探讨组织柔性和效率的发展提供了案例基础。

两家企业都具有勇于改革和创新的组织文化，在其发展历程中经历了多次的组织重组及重大变革，这对于纵向性研究是至关重要的。这些发展历程中的关键转折点，都可以成为时序分析和关键事件分析的重要参考依据。根据两家企业在组织变革中如何处理柔性和效率问题，如何实现从要素到功能的转变，可以对比总结出一些共通的规律和模式。除了聚焦的研究问题以外，两家企业在其他若干指标上形成鲜明差异，如一家来自于传统行业，一家来自于高新技术行业；一家发展年限较长，一家发展年限较短；一家规模较大，一家规模较小。这些来自行业、年限和规模的控制变量，可以进一步深化本书研究结论的适用情境，强化研究结论的普遍性。

由于对两家企业的基本情况描述在第四章中已经进行详细介绍，此处不再重复。

5.2.3　数据收集与处理

1. 数据收集

数据收集分为两个阶段，前后历经两年之多，通过实地考察、深度访谈、焦点访谈、文档阅读、参与式观察等途径收集了两家企业相关的追溯性数据和实时性数据，为案例分析提供了丰富的数据基础。

第一个阶段中，主要是对两家企业从高层管理者到随机选取的普通组织成员进行半结构化访谈，目的是初步了解企业的组织演变历程，整体把握组织柔性和效率协同演化的情况，这一阶段同时也产出了对企业柔性和效率协同演化的状态和条件的分析。

在两家企业中，我们首先请受访对象总体描述在实施项目管理以来，企业所开展的组织变革事件，初步了解企业当时面临的情形和变革目标；其次，我们引导受访对象从组织柔性和效率目标的角度重新阐述组织经历的一系列变革事件，了解每次变革中企业如何定位柔性和效率目标，如何在两者之间转换；最后，我们启发受访对象描述更多的可以体现企业在柔性和效率目标之间转换的情形和事件，尤其强调那些由组织成员主导的目标切换情形。

在对企业柔性和效率协同演化状况初步了解的基础上，我们按以下标准选择研究对象和分析单元：①它们应该是能够体现组织从效率目标向柔性目标转换，或者从柔性目标向效率目标转换的特定事件；②这些事件的发生有合理的内外动机，过程中涉及了尽可能多的部门、人员的参与；③事件前后组织在多个要素方面具有明显差异；④组织也因与环境更好地匹配而产生更优的表现。

汇总所有受访对象提及的柔性和效率目标转变的时期或事件，按照选择标准选定研究预聚焦的关键事件提交企业高层管理者加以核实，在回访和对初步结论的核实中增加本书的信效度。企业 6 选定的关键事件分别为"成立区域公司""实施海外项目""三级到二级整合"，企业 7 选定的关键事件分别为"PMO 成立""标准化项目实施""2015~2016 年组织结构大调整"。由高层管理者提供在这些事件中参与或有利益相关的人员访谈名单。这些人员中，有在第一阶段访谈中参与的对象，也有新加入的受访对象，选择的依据是他们在柔性和效率目标转变过程中的参与程度。

第二个阶段中，我们更加聚焦追溯和还原选定关键事件的来龙去脉。首先介绍第一阶段访谈的主要过程和结论，其次引导受访对象回想特定时期和情形下某个事件发生的经过。

访谈过程在访谈提纲的指导下进行。访谈提纲包含三个部分：第一，询问受访对象在企业中的工作经历，以及他们对组织柔性和效率两种目标关系的理解。第二，请受访对象对选定的关键事件如何实现柔性和效率目标的转变进行详细说明。受访对象自由阐述他们在整个事件中的经历和感受，中间会被问及一些引导性问题（如企业作了怎样的调整、改变，整个过程是如何开展的，遇到的困难、障碍是什么，转变后的效果如何，柔性和效率目标的主要转变，等等）。第三，关注组织柔性和效率目标转变所经历的具体过程和过程中的作用关系的变化，包括组织在柔性和效率功能上的改变、面对的内外条件的变化、组织要素及属性的改变等。

两家企业访谈数据概览如表 5.1 所示。

表 5.1　两家企业访谈数据概览

案例企业		企业 6		企业 7	
数据概况		访谈人员及时长	访谈人数	访谈人员及时长	访谈人数
第一阶段		副总经理 90 分钟；区域经理 2 人，分别为 70 分钟、65 分钟；项目经理 3 人，分别为 55 分钟、60 分钟、65 分钟；项目组员 2 人，分别为 60 分钟、50 分钟	8	总经理 60 分钟；副总经理 80 分钟；项目经理 2 人，分别为 70 分钟、60 分钟；研发经理 60 分钟；项目组员 2 人，分别为 50 分钟、40 分钟	7
第二阶段	关键事件 1	总经理 120 分钟；西北区域经理 110 分钟；项目经理 2 人，各 90 分钟	4	总经理 90 分钟；研发经理 100 分钟；PMO 管理人员 2 人，分别为 110 分钟、100 分钟	4
	关键事件 2	副总经理 100 分钟；海外事业部经理 90 分钟；项目经理 2 人，分别为 90 分钟、100 分钟	4	副总经理 120 分钟；项目经理 2 人，分别为 90 分钟、110 分钟；项目组员 1 人，90 分钟	4
	关键事件 3	总经理 90 分钟；副总经理 100 分钟；区域经理 100 分钟	3	总经理 100 分钟；副总经理 100 分钟；总务部部长 120 分钟	3

2. 数据处理

经过访谈、调查和文件、网络资料收集等获取的数据资料，以及作者在每次实地调研、访谈中所做的感受体会总结，均作为数据分析基础输入笔记本电脑的案例数据库中，以便对数据进行进一步的处理。与此同时，访谈者记录了每次实地访谈中所产生的访谈印象，以及与经营范围变更过程相关的新的想法。

数据处理参考"决策树"的方式对企业的发展经历和关键故事圈进行整理，以此来构建案例事件发展的证据链，保证案例分析中析出的概念的建构效度。数据处理的"故事树"如图 5.3 所示。

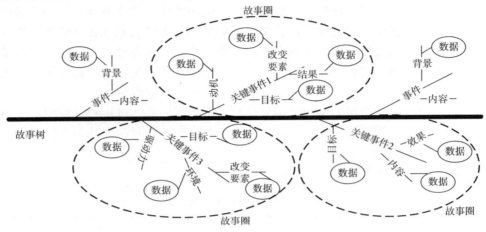

图 5.3   数据处理的"故事树"

首先，将数据按照时间发展顺序加以整理，以体现企业组织演变发展的若干时期，描绘出两个企业的整体发展"故事树"。其次，围绕选定的关键事件，整理每一事件中目标的转换、动机、驱动力、改变的范围和内容及效果等要素数据，描绘出本书聚焦的若干"故事圈"。最后，尽可能地将所有数据对应地挂到这一"故事树"和相应的"故事圈"中。这一数据处理方法简便易行，而且形象直观，有助于对案例数据进行逻辑关系和内容从属上的梳理，为数据分析提供了有效铺垫。

5.3   数据分析与模型构建

本书以组织在柔性和效率间实现功能转变为分析单元，这种转变可能是由柔性向效率或者由效率向柔性的转变，而组织柔性和效率的协同演化意味着这种转变在环境不断地变化中将动态地持续进行。为了探寻实现柔性和效率协同演化的动力机制，数据分析分为两个步骤来进行：第一步基于时序分析技术，掌握组织柔性和效率目标转变的发展轨迹，探究柔性和效率协同演化的具体过程机制；第二步基于关键事件技术，深入具体过程内部，探究柔性和效率协同演化的作用关系机制。基于柔性和效率协同演化过程分析和作用关系分析所得的各种发现和理论命题，最终可以构建柔性和效率协同演化的动力机制模型。

5.3.1　基于时序分析技术的组织柔性和效率协同演化过程分析

　　为了探究柔性和效率协同演化的具体过程，作者首先对两家企业案例分别进行案例内的纵向性数据梳理，将受访对象所描绘的背景、过程、结果等数据信息按照时序和相关性加以归类，寻找组织在演变过程中体现出的模式。两家企业在完成独立分析并得到对过程模式的初步认识后，便开始逐项地进行两家企业案例之间的对比，在不断的对比中进一步提炼和抽象两家企业案例所体现的共同模式。借助理论分析形成的初步框架，将这一模式发现与理论之间进行对照，形成数据和理论之间的迭代。这一迭代过程使得本书的结论不但扎根于数据，而且对现有理论形成有效呼应。

　　基于时序分析技术的案例部分数据分析和模式提出如表 5.2 所示。其中，每一横行是对企业案例进行的序列分析，同一字母（A，B，C，a，b，c，…）代表同一组相关事件；每一竖列是按照内容相近性做的模式归类，大写罗马数字（Ⅰ，Ⅱ，Ⅲ，Ⅳ，…）代表同一类型的过程模式。最终，案例分析结论显示，柔性和效率协同演化过程可以归纳为情境需求、内部驱动、要素调整和目标实现四个环节。

表 5.2　基于时序分析技术的案例部分数据分析和模式提出

案例企业	时序分析 →			
企业 6	A~Ⅰ:项目的工程量和复杂程度加剧，面临重大市场机遇	A~Ⅱ:总经理将其视为实现跨越发展的重要里程碑	A~Ⅲ:临时设置了一个项目指挥部，增加横向协调	A~Ⅳ:冲突协调、紧急事件处理能力提升，较高质量按时交付
	B~Ⅰ:市场迎来发展的高峰，需要趁机开拓自己的市场	B~Ⅱ:公司上下深受鼓舞，积极参与，对公司的各个项目跃跃欲试	B~Ⅲ:年度预算指标分解分配各项目上，各区域公司间建立竞赛机制	B~Ⅳ:内部形成竞争氛围，项目组各显神通，分头发展壮大
	C~Ⅰ:扩张速度过快，忽视项目质量要求，降低客户服务水平	C~Ⅱ:总经理决心采取有力措施根治高速运转背后的问题	C~Ⅲ:向上向下双向整合，实现资源高效集成管理	C~Ⅳ:强化规范性目标，集中优势资源将重点项目做精、做强
企业 7	a~Ⅰ:国家政策、互联网技术成熟度、市场需求让市场飞速膨胀	a~Ⅱ:伴随项目日益增多，为了高效管理，研发部长提出要求	a~Ⅲ:增设 PMO 总体负责项目管理工作，梳理项目管理流程	a~Ⅳ:项目协调效率提高，项目组织力度加大
	b~Ⅰ:项目管理信息化建设不足，影响信息资料及时传递共享	b~Ⅱ:高层决定采取有效手段加强项目管理信息化建设	b~Ⅲ:建立项目管理信息系统，优化项目管理工作流程和标准	b~Ⅳ:促进项目间的交流和共享，提升项目管理总体效率
	c~Ⅰ:公司快速成长，员工的重要性凸显，工作积极性有待激发	c~Ⅱ:公司提出项目自主负责，独立核算，自负盈亏的内部创业	c~Ⅲ:公司调整组织架构，人员权力配置，更新人员考核机制	c~Ⅳ:激发人员潜能，提升项目实施灵活性
过程模式	情境需求	内部驱动	要素调整	目标实现

1. 柔性和效率协同演化的缘起：情境需求

通常情况下，组织会按照它已经习得和惯常的方式运行，尽量减少变动的发生，这是由构成组织的个体的本性所决定的。没有组织会无缘无故地开启一段变革或者调整，除非是面临要求作出改变的情境。

在对两家企业进行序列分析的过程中发现，组织进行任何在柔性和效率功能间的转换之前，都是以情境的需求为起点。这种情境的需求又可以分为两种类型：第一类是柔性导向的需求，发生在原有柔性不足或倾向于效率的情形向重视柔性的情形转变的情况下；第二类是效率导向的需求，具体表现为在追求柔性的过程中由忽视效率向重视效率转变，或本身效率不足引发组织危机的情形。

企业6在承接"99一号"项目（一个30万吨乙烯装置工程项目的代称）之前，面对的项目类型大多数为小型专项工程，技术要求低、复杂程度低。而"99一号"项目工程量大、涉及内容复杂，且客户具有较高的要求，对于企业6来说是首次尝试，面临很大的挑战。之前企业在小型项目中的管理目标是集成管理，统一控制，充分发挥专业优势，以组织总体效率优先。但是，以"99一号"项目为转折点，企业意识到大型项目的春天即将来临，市场环境正在向综合性、多样性和复杂性的趋势转变，这种情境下要求组织必须分化管理，形成多方位灵活应对复杂项目的能力，企业对柔性的需求越来越迫切。与企业6并不完全一致，企业7所处的互联网行业环境和其创业型企业的性质，决定了柔性是企业固有的重要目标。然而，企业7同样会面临柔性导向需求的情境，主要发生在更微观层面的项目实施过程中。例如，企业7有很多合作项目，是选定项目团队与其他企业机构或个人合作开发的项目，这种情况下，项目团队多数时间与合作方密切相处，甚至会入驻对方公司，此时项目的成功要求企业给予项目团队充分的柔性空间。

对于效率导向的需求，两家企业同样表现出相似和不同的地方。相似之处在于，在企业运行和发展过程中，不管是面临多么动荡变化的环境，两家企业总会发现对效率的需求，而且会以此为契机，调整组织的目标和行为。不同之处在于，两家企业对效率需求的情境有所差异。企业6发现在组织快速成长，四面开花的背后，暴露出组织疏于集中管理、统一规范的情形，意识到组织必须重新强调效率目标，并启动了一次较大范围的组织变革。而企业7是在项目量飞速增长、相似的问题重复出现的情形下，决定应该强化企业标准化和通用模块的开发，产生对组织效率的需求。

由此可见，因为两家企业行业、规模等不同，展现出对效率或柔性需求情境的差异。但两个案例也同时证明，组织情境对效率或柔性的需要，是引发组织在柔性和效率目标之间协同演化的根本原因。只是这种情境的需求并非全部来自于宏观的、组织环境的改变，也有可能仅仅是组织内部工作开展中的需求；这种情境的改变也并非都体现在很长的时间段和深刻的变革中，也有可能是伴随某一次项目的开展而产生的特殊需要。

案例分析过程中，我们还发现，柔性和效率需求的导向是相对的，而且需求边界也十分模糊，只是在某一段关系中某项功能处于主导地位而已。绝大多数情况下，没有绝对的效率导向需求，也没有绝对的柔性导向需求，更多的是对于两者均有需求，而某种需求暂时占了上风，表现得更为明显和迫切。

2. 组织目标演化的决策：内部驱动

环境的变化如果没有得到及时的感知并加以合理的判断，同样不会对组织目标的演化产生影响。一段在柔性和效率目标之间的转变过程离不开组织决策主体对情境需求的感知并形成相应的决定，从而驱动组织实施目标转变的过程。

从对两家企业的纵向性研究中可以发现，每次组织发生变革或者调整行为，总是经历了一定的内部决策过程，决策背景来自于组织情境的变化，而如何决策将受到战略重要性、主体能动性等的影响。企业 6 在组织演变过程中的这种决策驱动力主要是来自于高层领导者，这与柔性和效率目标转换的需求情境关系到组织战略发展有关。例如，当总经理察觉到组织高速运转的外表下隐藏着柔性过度，缺乏一致性效率时，他启动了一系列针对此类问题的更深入调查和讨论。他系统地分析了企业历年的财务报告和市场分析报告，发现和总结问题背后产生的原因，并最后锁定是企业柔性和效率目标失衡而导致的组织"虚化"发展。当组织决定开始在组织范围内强化效率目标时，很多执行层的管理者和员工起初并不理解，并未意识到组织面临着效率缺失的问题。当高层管理者将现象数据和原因分析系统地进行汇报后，企业上下才对向效率目标的转变达成一致共识。整个过程中，因为目标转变关系到组织整体发展水平，而且目标转变的需求来自于组织战略层面，所以整个决策驱动过程是自上而下进行的。企业 7 处在快速变化的环境中，很多对柔性和效率目标转换的需求需要及时快速地作出决策，而这些决策并不一定涉及企业的战略方向和整体发展的改变，因此，便会出现自下而上进行决策驱动的现象。例如，企业原有的研发人员属于一个整体的大部门，其中包含了外包项目、自营项目、合作项目的人员，伴随项目数量日益增多，人员之间的分工、合作和协调存在较大的复杂性与难度。受此困扰的研发部部长，便将项目人员的相关感受和建议加以汇总，向企业提出了增设横向协调、加强项目调度的柔性需求方案。当然，企业 7 中也有少数决策是关系到组织重大变革的，需要自上而下的决策驱动；而企业 6 中同样有部分决策驱动过程与战略性发展无关，由员工或一线管理人员自发提出，并自下而上开启决策过程的。

总体而言，由两家企业案例的对比分析可知，涉及在柔性和效率目标之间转换的决策，可能是快速即时性决策，也可能是战略相关的关键性决策；决策驱动的主体可能是企业高层管理者，形成自上而下进行的决策过程；也有可能是直接捕捉到客户需求变化的一线管理人员或员工，形成自下而上进行的决策。但是，所有这些对情境变动的判断和决策过程，决定了企业是否以及如何在柔性和效率目标进行转换，从而成为柔性和效率协同演化的关键驱动环节。

3. 组织目标演化的基础：要素调整

从组织设计的系统观出发，组织一切行为和功能实现的基础是构成组织系统的要素。要素的设计、要素属性及要素间关系的选择，最终决定了组织以何种方式存在和运行。同理，组织在柔性和效率目标间转换的过程，同样离不开组织要素的支撑。组织要素选择效率导向还是柔性导向的特征，构成了组织目标是效率导向还是柔性导向的基础。

在受访对象对两家企业各自多次的效率导向或者柔性导向的目标转换描述中，大篇幅的内容都在描述企业从哪些方面作了什么改变，这些方面基本涵盖了组织的五大基本要素。例如，企业6的副总经理在描述企业通过成立区域公司来实现分化管理，追求柔性目标时，全面地回顾了企业在结构设计、权力配置、人员选拔和激励等方面作出的调整。他指出："为了实现这一目标，组织首先进行了组织结构的调整，形成以公司、区域公司、项目团队为主体的三层级组织体系。在进行组织结构调整的同时，薪酬制度也相应进行了调整，除了由岗位工资、年终工资、津贴构成的基本工资外，各区域公司增添了与经济指标、管理指标、财务指标完成情况相挂钩的效益工资；项目团队也拥有对项目超额利润一定比例的分配权……人员配置上，开展了员工竞聘上岗，所有员工都有机会通过竞争得到各区域公司经理一职。"

与此类似，对于企业7所经历的柔性和效率目标转换的过程，也可以从访谈内容和文档资料中详细了解到有关组织要素如何改变的信息。在一次旨在规范组织流程，提升组织运行效率的行动中，企业7采取的行动内容主要包括：规划和整理了企业的组织架构；梳理各职能中心的流程及管理制度；梳理企业项目的基本流程，规划项目管理制度及人员；出台一系列管理规定和实施法则，并就这些规定的内容进行宣传和培训；等等。这些内容从组织结构、流程、人员、权力配置等多个方面进行了调整和规定，为实现效率提升的目标奠定了基础。

从两家企业案例的对比分析中可以发现，不同的柔性和效率目标演化过程中，可能涉及的组织要素数量和种类不尽相同，并非所有演化过程都可以在所有组织要素上实现调整目标。但是，只要是企业有目标改变的需求，目标改变的过程都将涉及组织要素的改变。组织要素的调整是组织实现柔性和效率目标演化的基础。

4. 一次演化过程的完成：目标实现

在经历了相关组织要素的调整后，组织在新的要素或要素属性的作用下，会逐渐呈现出新的组织行为和功能，从而组织便完成了一次效率导向或者柔性导向的目标演化过程。任何一次成功的演化都将以目标的实现为演化过程的最后一个环节。

从两家企业了解到的所有成功的演化最终都实现了最初预定的目标。企业 6 在提升组织柔性、提高项目管理灵活性的组织调整中，因为对项目组充分地释放权力，以及对人员激励措施的有效调整，极大地带动了全体员工的干劲，呈现出员工积极学习、自主管理的良好氛围。面对客户变化的需求，员工能够自主地决策并快速作出响应，使企业的客户服务质量得到了很大的改善。在效率提升目标中，通过强化规范性目标、加强集中管控和项目跟踪等，企业项目实施的质量和集成效率也得到了强化。企业 7 在效率导向的目标转变中，通过梳理流程规范、加强模块标准化、提升信息化水平等，促进了项目间的交流和共享，强化标准模块带来的重复性优势，同样做到了项目管理总体效率的提升。

然而，两家企业中同样存在有很多并未实现预定目标的组织变革行为，在目标演化的中途就停了下来。这通常会有两个结局，一种是追求效率或者柔性的目标没有完全实现，效率或者柔性水平并未达到预期标准，而目标演化只是暂时的停顿，在不久的将来组织继续进行调整，直到预期的柔性和效率问题被解决。还有一种情形是，由于不可抗的因素，组织发展的思路发生彻底的改变，本来组织所致力于追求的目标发生转变，从而导致目标演化过程终止。两家企业中，这样的情形都有发生过，而且都与高层管理者的临时变动有关，如企业 6 因为前任总经理的身体原因临时换届，以及企业 7 中因高层领导之间的矛盾而产生职位重大调整，这两种情形下，对组织当时追求的目标转变都产生了重要影响。

总而言之，目标实现作为柔性和效率目标演化的最后一个环节，标志着一次由效率向柔性或者由柔性向效率的目标转变。只有组织所预定的效率或者柔性目标成功实现，才意味着一次目标演化的成功。

5. 协同演化过程的实现

从组织整体层面上看，组织总是希望能够既有较高的柔性又能保持较高的效率，没有任何一家企业会持续地追求效率，也没有一家企业会追求无止境的柔性，柔性和效率总是作为一对既相互对立又相互联系的目标需求存在。本书基于对这对矛盾需求的认识，将其具体到个别情境中，发现组织在不同的阶段、层面或情境下，对于柔性和效率目标总会有一种偏好的选择。由于组织环境复杂、多变，组织对柔性和效率目标的需求总是处于动态的发展变化中。

基于对企业 6 和企业 7 的纵向性研究，时序分析展现出两家企业在发展过程中会不断地面临柔性和效率的目标转变，这些转变过程发生在组织发展的不同阶段、不同层次上。这些阶段或层次可能有交叉覆盖，也可能是顺序的，但最终反映到组织层面上，就表现为组织在柔性和效率目标间的协同演化。组织柔性和效率的协同演化是由一次次的演化过程构成的，每一次演化过程中重复着四个环节的步骤，如图 5.4 所示。

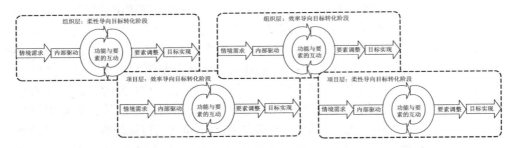

图 5.4　项目驱动型企业组织柔性和效率协同演化的"阶段-过程"模型

最后，在对两家企业柔性和效率协同演化的分析中我们还发现，虽然企业对柔性和效率目标的需求随情境不同而不断转变，但演化的总体趋势并非是在同一水平上震荡，而是呈螺旋上升的趋势。正如企业 7 的副总经理所说，"我们完成了一轮扁平化和放权改革，形成了一定的柔性能力。这时我们再进行标准化和规范化，便是在一个新的水平上的规范，效率提升的程度与之前肯定是不一样的"。项目驱动型企业组织柔性和效率协同演化的过程模型如图 5.5 所示。

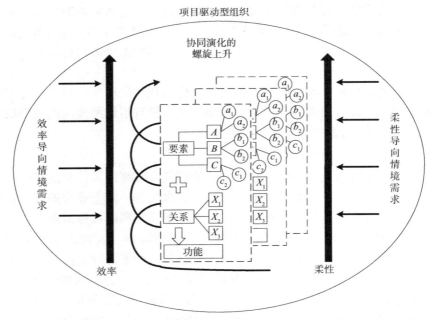

图 5.5　项目驱动型企业组织柔性和效率协同演化的过程模型

5.3.2 基于关键事件技术的组织柔性和效率协同演化作用关系分析

在对柔性和效率协同演化所经历的过程的认识基础上，我们进一步深入地探讨协同演化过程中的相互作用，探索在实现柔性和效率协同演化的过程中，组织内外究竟存在哪些作用关系，它们是如何相互影响、相互竞争并最终产生协同的。结合柔性和效率协同演化的过程分析和作用关系分析，可以系统、全面地发现柔性和效率协同演化的过程规律和相互作用特征，从而揭示项目驱动型企业组织柔性和效率协同演化的动力机制。

企业 6 和企业 7 为我们提供了组织柔性和效率协同演化的现实事件中的真实反映，有助于我们对柔性和效率协同演化过程中产生的相互作用加以解释、提炼和具体化，从而使案例分析结论具有现实时效性。为了密切关注事件发展中各变量的作用关系，该部分的案例分析基于关键事件技术展开，以两家公司中各三起关键事件为案例研究的分析单元，对组织柔性和效率协同演化过程中的相互作用进行分析。

基于组织系统发展演化的理论分析，组织在演化过程中，既存在相互竞争的力量，又存在相互协同的力量，两者缺一不可。组织在竞争和协同中才得以不断地更新和发展。从系统视角出发，参与组织柔性和效率协同演化的，有情境需求和组织内部驱动过程中环境和功能的相互作用，也有要素调整和目标实现过程中功能与要素的相互作用。因此，对于柔性和效率协同演化相互作用的分析，可以从环境与功能、功能与要素两个方面对案例数据展开讨论，通过对多个关键事件的剖析和对比，探索组织在柔性和效率协同演化中产生的竞争和协同作用机制。基于关键事件技术的案例数据分析如表 5.3 所示。

表 5.3 基于关键事件技术的案例数据分析

企业	关键事件	情境需求	内部驱动	要素调整	目标实现
		环境与功能的相互作用		功能与要素的相互作用	
企业 6	成立区域公司	竞争：市场迎来发展高峰，企业却隐含着巨大的市场危机，缺乏灵活自主性，不能很好地迎接市场挑战 协同：为了顺应市场要求，高管层布局变革，旨在突出项目作为公司利润中心的核心地位		竞争：原来的专业公司变成面向所有项目的公共资源，按照内部模拟市场结算向各区域项目公司转移 协同：区域公司的管理团队由竞选产生，业务指标和项目利润直接反映到项目团队和职能支持人员的报酬上	
	实施海外项目	竞争：海外市场提供了广阔发展空间及市场承揽机遇，但是需要大批涉外项目人才 协同：从战略上重视海外项目的实施，大量吸收和培育具有国际及 EPC 工程总承包管理经验的人才		竞争：企业习惯于工长负责制的管理流程，而国际工程要求对进度计划的落实与控制 协同：根据海外项目特点，制定相应的人员管理制度与要求，切实把合理使用资源作为项目运作的头等大事	

企业	关键事件	情境需求	内部驱动	要素调整	目标实现
		环境与功能的相互作用		功能与要素的相互作用	
企业6	三级到二级整合	竞争：市场竞争越来越激烈，部分区域公司和工程公司在抢占和扩大市场过程中，项目质量在下降 协同：提出"优化整合公司资源，握紧拳头出重拳"的变革思路，强化集成管理和过程管控的关键性		竞争：强调各职能部门有责任积极配合项目工作的开展，并且要共同监督和控制项目的运行情况 协同：所有项目管理的职权逐渐收归公司总部进行统一规范，权力被收回后，市场开发和项目承接规模缩减	
企业7	PMO成立	竞争：项目数量日益增多，项目人员需要同时面对多种类型项目，客户需求差异大，项目协调难度增大 协同：同时兼管多个项目的研发部部长提出成立PMO，主要负责项目横向协调，同时强化项目管理规范		竞争：原有的纵向协调和工作分配改为由PMO统一管理，开启了一套新的业务流程和专业分工划分 协同：由于PMO中安排了包括副总经理在内的有权威的人员，PMO预期的协调和规范制定工作顺利进行	
	标准化项目实施	竞争：互联网APP产品推陈出新的速度极高，项目虽然面临新颖度的挑战，但仍有大量基础模块存在 协同：组织高层启动了"基础模块库建设"和"项目管理系统信息化"两个组织内部运作效率改进项目		竞争：项目人员之前更多地关注当前项目，项目结束后缺少总结回顾，标准化项目增加了人员的总结工作量 协同：将项目的沟通、流程进行标准化和信息化之后，项目各环节的接口变得明晰，人员工作效率明显提高	
	项目团队自治	竞争：伴随企业人员数量的上升，人员的用工成本不断提高，但是企业对人员潜力的激发并不充分 协同：为了满足员工的合理需求，有效地激励员工，开启旨在激发员工工作积极性组织大调整		竞争：实施"内部创业模式"，强化项目管理团队，需要将原有集中于组织层的权限部分下放 协同：调整的成功关键在于项目团队的管理意识与管理能力的提升，人员情况的改善调动了其他工作的推进	

1. 环境与功能的相互作用

组织所在环境的变化会对组织产生影响，这一影响由组织内部的决策主体感知到，并作出组织功能适应性调整的决策，这就是情境需求和内部驱动过程中体现出的环境与功能的相互作用。

两家企业的6个关键事件中，既有效率导向情境下组织强化效率功能的事件，也有柔性导向情境下组织向柔性目标转变的事件。通过对这些事件的独立纵向性分析及事件间的对比分析，我们发现当组织开启一段在柔性和效率之间的演化过程时，首先面临的是来自组织所处环境和组织自身的系统功能之间的竞争作用。对两家企业的访谈中，当启发受访对象回想对某个关键事件当时的背景和感受时，多数受访对象的切入点都会涉及当时所面临的竞争压力。根据对访谈数据的总结，这种竞争压力有两个重要特征，首先是某种变化的产生，其次是变化带来了差异和不适应。

以企业 6 中成立区域公司这一事件为例，企业 6 所处的化工石油建设领域，在油价不断攀升的国际市场背景下，迎来了石化产品市场发展的高峰，以炼油和乙烯为代表的化工石油工业建设进入高潮期。业务订单量的突增对于企业 6 来说是喜也是忧，正如企业副总经理所说，"当时的情形，企业仍然处于传统国有企业官僚式的管理体系下，企业活力不足，人员积极性不高，眼看着大好的市场趋势，却无法让人振奋"。外部市场环境的变化作用于企业，使企业内那些与外部环境相通的、对组织内外保持敏感的人员，如企业的高层管理者及部分市场和项目人员，感受到了环境的刺激和企业在环境变化中的不适应。多名受访对象描述了企业在迎接市场改变方面存在的差距和问题，包括组织结构缺乏灵活自主性；重心在施工和生产单位，不能很好地适应项目化运行；绩效考评和岗薪制无法鼓励员工积极开发市场业务、自主提高专业技能；员工只是被动地接受上级的分配与领导；等等。其他几个关键事件同样都经历了组织环境的变化，而在变化中企业的功能和环境需求之间产生差异，从而表现出不同程度的不适应。

同时，从案例数据的对比分析中可以发现，竞争作用通常会对组织功能产生两种效果：其一是要求组织对功能进行重新辨别，其二是激发了功能的优化，而这两种效果正是环境和功能之间协同作用的体现。企业 6 经历了外部市场环境大幅度改善和组织无法应对这种改变的竞争作用后，开始了对企业问题现状的审视和对未来的规划。其中首要的工作就是发现组织存在的不适应问题，辨别出组织功能与环境需求之间的差异所在。以总经理为首，企业 6 陷入了对今后发展方向的深入思考中。总经理在访谈中详细地描述了当时如何阅读和学习项目管理理论知识，组织班子会议及向众多专家、同行请教学习，从而探索企业应对环境改变的出路所在。最终，他们辨别出，企业过于集权化和等级式的管理，影响了项目业务的开发，限制了项目实施中的自主性和灵活性。接下来，组织寻求改变的潜能被激活。企业 6 开启了一次彻底的组织变革，通过设立区域公司来开拓全国市场业务甚至国际市场业务，突出项目作为公司利润中心的核心地位，将公司内部的工程队伍、施工设备和生产单位等优势资源变成面向所有项目的公共资源，按照内部模拟市场结算向各区域项目公司转移，使公司的优势资源合理配置到项目中去。

企业 7 在面对互联网 APP 产品推陈出新的速度不断提高的市场环境时，意识到项目的新颖度和产品的快速更替对组织成本带来的巨大挑战。为了在残酷的市场竞争中获取竞争优势，企业 7 经过对相关行业标杆企业的考察和学习，并与相关领域专家学者讨论后，辨别出组织项目管理中缺少对信息化、标准化的关注，从而无法通过标准化和规模效应来提升效率、降低成本。基于这样的问题判断，企业 7 决定通过"基础模块库建设"和"项目管理系统信息化"两个组织内部改进项目来提升组织的效率。

　　与此类似，其他几个关键事件中，企业同样是经历了因环境改变带来的竞争压力之后，企业人员发挥主观能动性，开始直面竞争带来的压力，从环境和企业功能的差异中辨别企业问题所在，并采取适应性的改变和应对机制，对企业在柔性和效率目标间作出调整的决策。同时，我们发现，协同作用过程中存在的一股关键力量是组织的学习机制。当组织面对环境变化产生的竞争压力时，组织的学习能力和适应能力会被激发起来，表现为高层管理人员和组织成员的主观能动性的发挥，通过学习和探寻来发现缓解竞争压力的组织变革之道，从而形成环境和组织功能的协同和优化。

　　总而言之，柔性和效率协同演化涉及的环境与功能的相互作用可以归纳为竞争和协同两种作用过程。组织作为一种有机系统，当环境发生改变并形成了内外需求上的差异时，组织为了自身的生存和发展，就会形成组织功能与外部环境的竞争，产生竞争压力。而正是这种竞争压力为企业的改变提供了契机，促使企业通过组织学习来重新辨别组织功能是否适应情境的需求，激发对组织功能的优化，形成组织与环境的新的协同关系。环境和组织功能间的相互作用如图 5.6 所示。

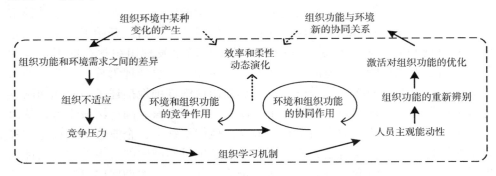

图 5.6　环境和组织功能间的相互作用

2. 功能与要素的相互作用

　　动态变化的环境中，组织要想实现柔性和效率的协同演化，环境与功能之间的相互作用就必须转化为功能和要素之间的相互作用，通过对系统内部要素、要素属性及要素间关系的调整，实现特定环境所要求的功能改变，从而形成组织功能与环境之间新的适应性关系。组织要素对组织功能具有决定性的作用，倾向于职能化、标准化和集权化的组织要素将决定组织具有效率的功能，而倾向于临时性、灵活性和自治性的组织要素意味着组织表现为更多的柔性功能。因此，探索柔性和效率的协同演化的动力机制，必须明确组织要素的转化和功能的改变之间经历了怎样的相互作用过程。

　　企业 6 中"三级到二级"的组织变革事件和企业 7 中"项目管理自治"的变革事件都是从组织层面上对柔性和效率的功能进行调整的关键事件代表，其中企业 6 "三级到二级"的组织变革是效率导向的目标转变，企业 7 的"项目管理自治"是柔性导向的目标转变。"公司—区域公司—项目团队"的三级管理模式曾为企业 6 带来了前所未有的柔性提升，在国内市场蓬勃发展的时期，通过分设区域公司，倡导最大化放权与灵活的管理模式，而激发了企业人员在各个地区的自主开拓积极性。但是，随着国内石油化工建设高潮接近尾声，各区域市场趋于饱和，市场竞争愈演愈烈。而公司主营的石油化工建设项目具有投资大、安全风险高、专业性强、资金回笼周期长等特点，且易受外界环境影响，因此过程管控能力起到关键性作用。在这种情形下，企业综合评估行业发展的不确定性和企业面临的机遇与挑战，提出了以整合思路为主导的"三级到二级"的组织变革方案。正如总经理所说，"眼下企业不应该继续分散力量，处处凿井，而应该重新优化整合公司资源，握紧拳头出重拳"。而对于企业 7 而言，企业"项目管理自治"变革发生在企业内忧外患的发展瓶颈期。在此之前，企业经历了"互联网热"时期的快速成长，人员和业务规模实现了成倍的扩张，各种规章制度也逐渐建立完善。创业团队的过分信任和依赖，使企业逐渐失去了不断更新和挑战的活力，在互联网企业竞争的日益白热化背景下，使企业灵活性和应对不确定性能力的不足逐渐显现。企业 7 的总经理感慨："改革是当务之急，而且此次改革的重点在于激发企业人员和项目团队的自主性、积极性，强化组织柔性管理。"

　　功能转变的目标确定后，首先，两家企业均进入调整本组织要素各自的效率属性和柔性属性的竞争；其次，体现为五种组织要素之间的竞争，表现为目标属性的某些要素将逐渐影响和决定组织功能的转变进程。然而，竞争并不是常态，组织总会按照一定的秩序重新建立起新的组织要素系统，并实现要素之间新的协同关系，形成组织的新功能。

　　具体而言，考虑到众多区域公司并存的情况下，公司对于各项目团队的管控力度不够，各区域公司的管理水平参差不齐，导致项目管理过程不规范，损害公司利益的操作屡屡发生，企业 6 率先调整组织结构体系，取消原来的区域公司层次，合并、缩减多余的工程公司，最终将所有项目收归至公司的直接控制之下，实现资源高效集成管理和组织结构集中化管理。企业项目管理的流程也作出相应的改变，企业的各项预算指标直接分配至各具体项目，然后由综合计划部与各项目团队共同协商确定每个项目的成本目标、利润目标，加强对项目的计划和控制力度。此次的组织变革定位于提升项目管理规范化水平，使所有职能部门都积极地参与到项目的管理中去，实现全员管理的项目管理，增加公司对项目的管理规范性和控制力度。项目实施过程中，项目经理对于所需的资源与支持，直接向相关职能经理提出要求。各职能部门有责任积极配合项目工作的开展，并且要共同监督和控制项目的运行情况，对项目的实施和目标的完成承担一定的责任。项目管理的职权逐渐收归公司总部进行统一规范，原区域公司的管理人员一部分向上分流到公司总部各职能部门，负责若干区域的项目协调管理和相关职能部门的管理；一部分向下分流到项目团队，充实项目团队的管理力量。公司同时调整了效益工资的比例，压缩了不同岗位、不同级别之间的收入差距，并为项目经理规定了项目奖金最高限额，每个项目经理从所管理项目中获取的年度项目奖金之和不会超出最高限额。

相对而言，在企业 7 在以提升组织柔性为目标的组织要素调整过程中，起到关键决定作用的是人员和激励两个要素。此次关键事件中虽然同样涉及对结构、流程和权力配置的适当调整，但这些调整都是为了配合对人员和激励体系的活化，落脚点都在于提升组织人员的执行力和自主性。表面上组织结构进行了部分项目组的整合和业务部门内部板块的重新划分，项目管理流程也增加了更多针对不同项目类型的可变接口，但本质上是在为改变企业的人员管理模式做铺垫。企业 7 将现有的项目管理模式改为项目组独立核算，鼓励项目组自行开发市场和客户，接的订单越多，项目组的收入和利润就越大。对于公司层面接的订单，通过招标制来由各个项目组进行应标。企业 7 的总经理甚至规划未来可能，将这种招标模式扩展到组织外部，接受外部的企业或项目团队的竞标，充分整合外部资源的同时预防内部团队串通将价格抬高。为了保证这种模式的有效推行，主要的职能管理人员及项目团队管理人员的选择是关键。企业 7 面向组织内外进行大范围的人员竞聘上岗选拔，务必挑选出能够真正胜任这些岗位，承担自治与独立核算挑战的领导者。为了保证大幅度放权后的组织可控性，企业 7 的激励考核制度也在同步地进行更加严格、细致的补充完善，突出适应残酷竞争环境的末位淘汰制，绩效考核连续两个月不过关的项目团队将面临解聘的命运。

两个关键事件中，当各个组织要素经历了属性的改变和要素间的竞争后，接着在相互影响中实现协同，逐渐趋向于新的关系和状态。企业 6 在要素调整的过程中，对结构、流程、人员、激励和权力配置五个方面都有不同程度的调整，而其中对于结构、流程和权力配置的调整最为艰难，遭遇的对抗、抵触也最多。但是企业为了达到强化效率的目的，必须对结构、流程和权力配置之前过度分化的属性进行调整，而且这种调整也是对效率功能的改善效果最为明显的。结构的调整，尤其是结构调整后权力的落实，以及在新的结构权力体系下适用流程的贯彻是最慢的，而人员和激励是配合性的措施，当规范化的流程得以贯彻，集中控制的结构权力体系得以落实，组织对项目的控制和规范作用真正得以体现时，集成效率的目标就逐渐显现了。企业 7 中人员管理方案和激励考核体系的推行阻力重重，但是，为了实现提升组织柔性、提高组织灵活性的目标，这样的转变是必须突破的难关。正如企业 7 的副总经理所说，"其他的改变都不成问题，只是人员的落实和考核激励办法的生效，决定了此次变革目标能否实现"。当企业 7 通过竞聘制实现优秀项目管理人员的选拔，并施以最大化激发团队积极性和自主性的激励考核制度后，组织所追求的柔性管理自然而然地解决了。

结合协同演化理论分析，两个关键事件中经历了要素的竞争和协同过程，从而促成功能转变的实现。竞争过程筛选出了那些属性改变相对缓慢、能够影响和主导系统行为的序参量；而在协同过程中，序参量役是其他的要素，从而支配系统演化和主导系统状态。在这两个关键事件中，流程、结构及权力配置的落实是企业 6 "三级到二级"组织变革事件的序参量，这体现为组织在从偏向柔性向偏向效率的目标转变过程中，相对于人员和激励两个要素，流程、结构和权力配置三个要素方面需要经历更大的跨越、更显著的转变，而这制约了效率功能是否转变成功；人员和激励两个要素是企业 7 "项目团队自治"变革事件的序参量，这体现为组织在从偏向效率向偏向柔性的目标转变中，人员和激励两个要素方面在各组织要素的竞争过程中起到了决定性作用，影响并主导着组织向柔性功能演变。由此可见，效率导向的演化过程中，流程、结构和权力配置决定了组织功能演化的方向和过程，而柔性导向的演化过程中，人员和激励要素决定了组织功能演化的方向和过程。两种演化模式下组织要素的竞争和协同过程如图 5.7 和图 5.8 所示。

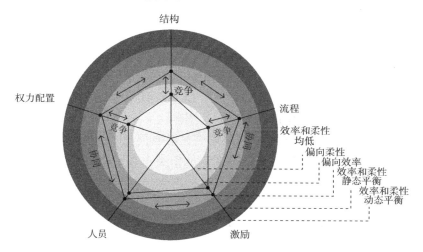

图 5.7　效率导向的竞争和协同过程

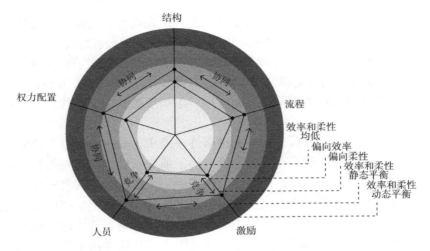

图 5.8　柔性导向的竞争和协同过程

我们还发现，尽管企业的最初目标可能在于提升效率或者强化柔性，但成功的要素调整会带来柔性和效率之间彼此互相促进的效果，从而促使柔性和效率两方面同时得到改善。企业 6 在"实施海外项目"事件中，考虑到海外项目的独特性，采用了充分柔性和灵活的管理对策，海外项目的管理制度和流程与企业通用的有很大出入，融合考虑了不同地区的文化、人员素质等特殊条件，积极探索对海外项目实行劳动力当地最大化的办法；组织柔性提升的同时，海外项目的人力计划、进度计划、安全质量保障计划等得到了充分的独立锻炼和提升，与海外项目在施工、管理中的其他优秀经验一起不断反馈到企业总部，作为完善企业项目管理制度和持续改进的依据。从而，组织柔性化的实现同时成为提升组织管理效率的途径。企业 7 "成立 PMO" 事件中，通过 PMO 小组进一步规范企业的项目管理工作，在项目进度情况的统计与汇报，项目工作质量检查、测试及评估，以及项目经理相关管理类培训等方面作出了明确规定，强化了项目管理工作的标准化进程；同时，当绝大多数项目管理工作被加以规范和标准后，PMO 的工作重心可以更多地放在增强企业内部横向协调、优化企业资源配置及促成项目间资源共享等方面，从根本上提升项目实施中对客户需求的反应能力。这意味着，在效率得到保证的前提下，组织柔性的提升变得相对容易。

这两个关键事件表明，在功能与要素相互作用的过程中，除了通过要素之间的相互作用实现功能的转化外，还存在功能之间的相互作用关系。而且，与大多数现有研究中所强调的柔性和效率的对立和矛盾性不同，我们发现，柔性和效率虽然具有悖论关系，意味着不同的组织功能、子系统和要素属性，但是，在组织的动态发展中，两者同样具有相互促进的关系。企业为了强化效率或者柔性功能，对组织相关的要素进行调整，要素调整经过竞争和协同过程后，最终会达到一种新的组织状态。在这一状态下，效率或者柔性目标实现的同时，柔性和效率之间经过相互影响、相互作用，也达成了一种新的关系状态。对两家企业的关键事件进行分析可知，柔性功能实现的过程中，因为多样性和最佳实践的产生，可以反馈并影响组织集成效率；而效率功能的提升，通过增加可控范围和降低管理成本，为柔性目标的实现提供了宽松的空间和基础保障。组织的柔性和效率功能正是在这种要素、功能及系统的交互作用中实现协同演化。组织功能和要素间的相互作用如图 5.9 所示。

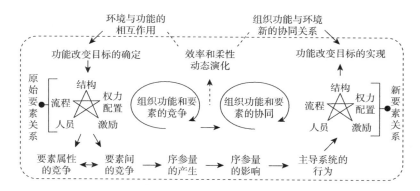

图 5.9　组织功能和要素间的相互作用

5.3.3　项目驱动型企业组织柔性和效率协同演化的动力模型构建

在对项目驱动型企业组织柔性和效率协同演化的动力过程进行分析之前，我们首先模拟分析有机生物系统在面临环境变化时，机体在柔性和效率之间作出的动态反应，这对于组织系统的运作具有一定的启发参考意义。当一只猎豹要开始追击猎物时，首先是外界的异常信息被机体捕捉到，输入猎豹的中枢控制系统。这里的前提条件是，猎豹对外界环境是充分开放的，时刻处于与环境的信息交换中；而且要有灵敏的接收器，捕捉外界信息。其次，外界的刺激被输入猎豹的中枢控制系统，猎豹对这一刺激开始有所关注和反应，中枢控制系统开始对这一刺激进行加工、分析和处理，并作出机体进入猎杀模式的决定。再次，机体功能改变的目标确定后，猎豹的机体结构和要素开始为这一改变进行调整：猎豹运动系统的肌肉开始收缩，牵动着它所附着的骨，使整个运动系统进入捕杀行为的准备状态。一瞬间，猎豹的机体结构切换到极速猎杀模式，在机体结构的配合下，完成捕杀猎物的目标。最后，当猎杀行动完成后，猎豹的机体系统很快会转向正常运转，切换到稳定运行模式，从而完成一个在柔性和效率之间的转化过程。随着类似的情形不断出现、反复，这种转换也在动态地进行。

结合对两家案例企业的时序分析和关键事件分析，我们发现，项目驱动型企业组织柔性和效率的协同演化是一个动态连续的过程组，每一个过程周期意味着完成一次在柔性和效率之间的目标转换。与猎豹在猎杀模式和稳定运行模式之间转换类似，项目驱动型企业在组织柔性和效率之间的转换是一个动力作用过程。这个过程包含三个层次：第一层显示了每一次演化过程所经历的四个环节，第二层表明环境和组织条件对演化过程所形成的影响作用，第三层展示出演化过程中具体发生的相互作用，三个层次融合在一起便构成了项目驱动型企业组织柔性和效率协同演化的动力机制，如图 5.10 所示。

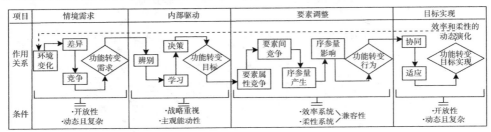

图 5.10 项目驱动型企业组织柔性和效率协同演化的动力机制

在情境需求的环节中，在项目驱动型组织的内外部环境满足动态且复杂的边界条件的前提下，环境变化能够及时地作用于组织，形成组织功能与外部环境需求之间的差异，差异引发竞争，在竞争压力下，组织产生了柔性导向或效率导向的功能转变需求。为了实现这一需求，组织进入内部驱动的转变环节。高层领导者和组织成员对于柔性和效率功能转变的战略重视和主观能动性是内部驱动环节重要的前提条件。高层领导者和组织成员感受到组织所面临的竞争压力后，便激发了其寻求适应性改变和应对机制的能力。此时，这些组织人员相当于猎豹捕猎系统中的信息接收器和中枢控制系统。他们对情境需求进行辨别、判断，通过组织学习过程得出决策，决定企业是否及如何在柔性和效率功能之间转变。功能转变的目标确定后，组织便进入最为关键的要素调整环节。组织能够在柔性和效率功能之间协同演化，组织内具备兼有柔性和效率属性的五种基本组织要素是必要条件。组织在柔性和效率功能间的转变，本质上就转化为结构、流程、权力配置、人员和激励五个组织要素在其效率导向还是柔性导向的属性特征之间的竞争和选择。要素属性竞争的过程伴随着要素之间的竞争，某些要素会因为转变难度大、转变速度慢而成为制约组织功能转变的序参量。具体而言，效率导向的功能转变过程中，流程、结构及权力配置三个要素起到了序参量的作用；而柔性导向的功能转变过程中，人员和激励两个要素充当了这些序参量作用于其他组织要素，影响各要素的属性转变进程，最终主导整个组织功能转变的行为。在序参量的支配下，各组织要素逐渐形成了一种新的柔性和效率的关系状态。目标实现环节意味着组织完成了一次效率导向或者柔性导向的功能转变过程，组织功能与外部环境需求之间重新形成了一种适应关系。但是，这种适应性并非持久稳定的，随着外部环境的动态变化，组织会面临新的功能转变需求，从而进入新一轮的柔性和效率功能转变中，由此实现柔性和效率的协同演化。

在对两家案例企业的对比分析中，我们还发现，虽然两家企业所处的生命周期阶段并不相同，企业 6 有十多年的发展历程，已经进入成熟发展期，而企业 7 尚处于快速成长期，但在两家企业中均可以观察到柔性和效率的协同演化的过程，这意味着柔性和效率的协同演化与时间长短无关，而是一个单位时间中变化程度的速率的概念。同时，两家企业在规模和行业特征上具有的差异表现出，规模较大、行业环境较为稳定的企业 6 倾向于是一个重视效率的企业，因此组织发展中面临的更多的是柔性导向的功能转变目标，而且这种转变更多的发生在组织层面上，所经历的演化周期较长；相对而言，规模较小、行业环境较为动荡的企业 7 倾向于更加重视柔性，而在组织发展过程中更多的面临效率导向的组织功能转变需求，而且这种转变多数发生在项目层面，柔性和效率协同演化的周期大大缩短。由此可见，项目驱动型企业组织柔性和效率的协同演化将受到若干控制变量的影响，这些变量可能包括组织规模和组织所处的行业特征等因素。

第6章 项目驱动型企业组织柔性和效率协同演化的实现机制

基于对项目驱动型企业组织柔性和效率的系统模型、两者协同演化的条件和动力机制的研究结论，本章推导和总结柔性及效率协同演化所依赖的实施途径，从实现层面上提出企业用以推进柔性和效率协同演化的各种管理准则和行为。为了实现这一目的，本章首先探讨影响项目驱动型企业组织柔性和效率协同演化的三种基本思想——系统思想、矛盾思想和权变思想，分析这些原理在本书中发展得到的内涵诠释和管理启示；其次，将这些思想启示转化为促成柔性和效率协同演化的组织管理方式，从系统的思维转换机制、矛盾的降阶转化机制和权变的组织设计机制三个方面来详细阐述项目驱动型企业组织柔性和效率协同演化的实现机制。

6.1 协同演化实现的基本思想

本书对于项目驱动型企业组织柔性和效率协同演化机制的探讨，建立在一般系统论和系统演化理论的基础上，案例分析和理论探索中始终不断地深化系统、矛盾、动态、权变等观点和视角在解决柔性和效率悖论问题中所起到的作用，并逐渐析出这些思想观点对于实现柔性和效率协同演化的重要启示。我们将这些思想观点归纳为三类，分别是系统思想、矛盾思想和权变思想，系统思想启示要用系统分析方法和控制方案来应对组织柔性和效率的悖论问题；矛盾思想启示柔性和效率作为对立统一的存在，自身可以寻求矛盾转换之道；权变思想强调动态适应，启示柔性和效率悖论问题的根本解决途径在于组织进行动态的权变设计。

6.1.1 系统思想

系统思想对于解决柔性和效率悖论问题的价值主要体现在两个方面：一是

有关我们要解决问题的对象系统，即那些以柔性和效率为目标的项目驱动型组织，系统思想为更加清晰地认识这一对象系统提供了系统分析模型和分析思维；二是有关解决问题时的过程，即组织如何实现柔性和效率的协同演化，系统思想为这一问题的解决给出了系统的组织和控制方案。

组织是人类活动形成的一种社会系统，组织以其所在的市场、经济、政治等作为自己的环境而处于不断发展之中。将项目驱动型组织的管理悖论问题放在组织系统的框架中加以分析，首要的好处就是从系统分析的角度解释悖论产生的原因，从而探索解决悖论问题的规律。项目驱动型组织之所以会面临柔性和效率的悖论，是因为将柔性和效率视作组织的两大功能，从组织的整体功能层面上讲，不同的环境条件对于两种功能有适应性的偏好选择，稳定确定的环境下组织以效率优先更为适宜；动荡不确定的环境下组织则以柔性优先为更佳。而组织选择不同的功能意味着改变了组织系统的特性，需要改变相应的组织要素、结构和行为等来实现功能的改变。由此，柔性和效率的悖论便产生了，组织选择了一种组织状态或行为，如构建一套标准化的项目管理流程，就意味着更容易实现效率优先的功能，而标准流程带来的固化会影响组织柔性功能的发挥。

本书构建项目驱动型组织的系统模型正是认识这一悖论并寻求平衡机制的开始。认识到项目驱动型组织是一个由"环境—系统—功能—要素—结构"构成的有机系统，便可以清晰地解构出组织中支持效率功能实现的要素及其关系特征、支持柔性功能实现的要素及其关系特征，而解决悖论的一个可行思路便是组织在两种要素及其关系模式下动态转换，进而满足功能对于不同环境特征下的适应性需求。这一思路为本书探寻项目驱动型企业组织柔性和效率协同演化机制提供了思想基础。

在分析柔性和效率协同演化的实现过程中，系统思想中系统的目的性对组织实现有效控制提供了基本原则。实现柔性和效率协同演化，关键是要抓住决定系统长时间行为的序参量，在环境的动态变化中通过控制序参量来引导系统的演化方向。而在这一序参量的役使作用实现过程中，系统思想同时强调系统的自组织性，即不应该追求对于系统演化的每一个过程和细节都做到完全的控制，而是只要找到关键的变革要素，将其按照变革目标约束稳定下来，其余便依靠系统的自组织行为来趋于平衡状态。

柔性和效率协同演化过程中组织成员主观能动性的作用便很好地揭示了这一系统思想。组织系统中的人，是有意识且具有最高目的性行为的个体，当他们被激发起高度的自觉性和能动性时，那么组织中便可以形成不以某一个体意志为转移的组织整体系统的行为模式。而这一行为将主导着组织行为和功能转变的发展方向。在这样的情形下，组织的控制模式便自然而然地指向了合目的控制，即以组织目的性为基础所实施的控制，从而能够最大限度地保持系统的自组织特性。合目的控制是在系统思想指导下衍生出的一种新的组织控制思维，是本书实现柔性和效率协同演化的重要保障之一。

6.1.2　矛盾思想

矛盾思想对于解决柔性和效率之间的悖论问题具有重要的作用。在西方组织理论体系中，矛盾思想的发展是二元性理论的一种延伸，二元性思想采用割裂和对立的视角，更多的是区别导向地片面化解决问题。而矛盾思想试图将矛盾的两个方面加以综合甚至超越，而无须将两者分离，同时还尝试将矛盾的两个方面实现纵向的动态关联。中国传统思想体系中，矛盾思想有着深远的发展历史，从《易经》的阴阳矛盾是事物变化发展的根本，到老子《道德经》中福祸相依、有无相生等众多事物、现象的对立面相互转化，都生动地解释了矛盾双方相互依存、相互作用的普遍规律。毛泽东的《矛盾论》更是将矛盾的对立统一法则进行了深刻的讨论，为理解和处理悖论问题提供了思想基础。

本书中，矛盾思想主要从两个方面得以体现并引导着柔性和效率悖论问题的解决。首先，柔性和效率作为矛盾的两个方面，共处于一个统一体中，有着同一的存在基础。这在对于项目驱动型企业组织柔性和效率的系统模型构建中可以发现。柔性和效率作为组织的两种目标，在功能实现层面上是具有矛盾性的，然而当按照"环境—系统—功能—结构—要素"的逻辑进行系统分析时，能够观察到两者之间表面上互相对立，而其实还存在互相联结、互相贯通、互相渗透、互相依赖的一面。对于任何一个组织要素，固化、标准、重复性的成分多时，则表现为效率；而随机、灵活、临时性的成分多时，则表现为柔性，甚至两种状态之间并没有严格的边界，只是一种模糊的中间过渡。既然意识到了矛盾双方存在的联系性，那么对于矛盾关系的解决就意味着不仅要看到表面的矛盾，还要从更深层次上挖掘矛盾的根源，将功能层面的矛盾分解到要素层面，寻找矛盾双方相通的根本所在。

其次，有着悖论关系的柔性和效率，在一定的条件下，能够互相转化，形成协同关系。这意味着矛盾双方不仅是相互依存的关系，更重要的是可以互相转化。这一矛盾思想主要体现在柔性和效率协同演化的机制探讨中。一方面，在构建的柔性和效率的组织系统模型基础上，我们探索了柔性和效率协同演化所依赖的环境和组织条件；另一方面，在这些条件的作用下，我们探讨了柔性和效率协同演化所依赖的过程和相互作用。由此完整地阐释了柔性和效率这一对矛盾的存在，在怎样的条件如何实现相互转化，从而化解两者之间的悖论关系。矛盾思想对于两者相互转化更重要的启示在于，对于柔性和效率的悖论关系不要只是在静态的某一截面来看，而是放到更加长远的时间轴下，我们会发现柔性和效率的转化是一个动态的过程，在两者的协同演化中悖论关系不复存在。

柔性和效率，不但互相联系地存在于同一组织中，而且在一定条件下互相转化，这就是矛盾思想对于柔性和效率悖论问题的全部意义。矛盾思想指引我们将柔性和效率两种截然不同的组织功能看作是有条件的、可变动的、互相转化的事物。

6.1.3　权变思想

权变思想的根本观点认为，组织的设计与管理要根据组织所处的内外条件随机应变，不存在一成不变、普遍适用于所有环境的"最优法则"。没有哪一种组织设计方案是完全适合所有组织的，也不存在哪一种管理方式对所有组织而言是最好的。例如，官僚等级结构并不是完全一无是处，在稳定有序的环境下就可能优于松散的临时性机构；分权并不一定总是比集权好，对于某些战略性决策，采用集权形式是必要的；等等。权变的视角下，组织是一个面临多样性环境，具有多种目标和需要的复杂系统。组织管理者必须意识到组织的这种复杂性，以及环境和组织目标之间的相互关系，从而采用"具体情况具体分析"的辩证思路来开展组织活动。

权变思想对于柔性和效率悖论问题的解决提供了一种最为关键的动态观点，它启示我们，不能静止片面地看待问题，而是要以一种运动、变化、发展的视角来认识现代组织。从动态的观点出发，在变化着的组织环境条件下，柔性和效率的关系也是动态发展的。解决柔性和效率的悖论问题，则是要在不断变化的组织情境中，寻求柔性和效率与组织情境的动态匹配，实现柔性和效率的协同演化。

权变思想的另外一个重要启示在于，为了促成这种动态的适应性关系，必须同时进行组织系统或要素的适应性配置。对于实现柔性和效率协同演化而言，就是同时要开展动态的组织设计。在找到适宜于具体组织情境的功能定位基础上，确定相应的要素设计和管理方案的支持。以效率为目标的稳定系统，通常面临的是可预测的环境或任务对象，活动具有重复性、常规性，有规范的程序和惯例可依，组织采用的是永久性结构，有明确的专业分工、固定的等级关系等。而以柔性为目标的适应系统，面临的却是一个动荡多变的环境，任务对象是极具变化性和非常规的，活动更是非程序化、探索式地进行，组织多采用临时组织来应对，需要多方人员广泛地参与和合作。

基于权变思想的启示，柔性和效率协同演化实现的基础就是权变地选择组织的功能定位，动态地设计组织的各大要素，通过权变、动态的组织设计从根本上解决柔性和效率的悖论问题。

6.2　系统的思维转换机制

为了解决项目驱动型组织中柔性和效率的悖论问题，实现组织随环境的动态变化而在柔性和效率之间协同演化，我们在系统思想的指导下，提出系统的思维转换机制。首先，要求项目驱动型组织必须系统地认识和构建自身的"效率—柔性"系统，使两个子系统同时存在于组织当中；其次，要求项目驱动型组织在促成两个子系统协同演化的过程中，遵从合目的控制的组织控制思想，进而为柔性和效率的协同演化提供保障。

根据本书分析和讨论的结果，以效率为功能的子系统更多的是承担稳定和持续性发展的作用，在组织中表现为永久性形态；而以柔性为功能的子系统更多的是承担适应和创新的作用，在组织中多以临时性的形式出现。两个子系统对于各组织要素均有着不同的属性特征要求，为了清晰地指导项目驱动型组织的系统构建，现将柔性和效率两个子系统的主要特征对比加以整理，如表 6.1 所示。

表 6.1　柔性和效率两个子系统的主要特征

主要特征	效率子系统	柔性子系统
对组织的影响	稳定、连续	适应、创新
在组织中的形态	永久性系统	临时性系统
适宜的环境特征	确定性、相似性	不确定性、差异性
结构	职能结构	项目结构
流程	标准、规范、固化的程序	临时、多变、随机的计划
权力配置	集权	分权
人员	具体职位、固定角色	临时分组、多重角色
激励	职能相关、专业导向	项目相关、目标导向
要素间关系	结构、流程、权力配置为主导	人员和激励为主导

柔性和效率子系统得以有效支持组织的协同演化，前提是它们之间必须能够相互协调和配合，接受来自组织的统一控制，从而实现组织整体功能的协同。这一控制是一个复合过程，组织人员处在协调和控制的中心，需要一系列的决策以维护动态的平衡，他们既要对组织的高效率、稳定发展负责，也要对灵活多变的适应性行为负责。对于那些确定性的、常规项目，组织选择效率子系统，采用程序化的行为模式，更有利于保证组织发展的稳定高效；而对于那些不确定和新颖的项目，组织选择柔性子系统，作出灵活调整、适当放权的决策，将有助于组织快速适应不断变化的需求。

组织对于效率子系统和柔性子系统的平衡，既不能过分贯彻规则、程序，又不能完全任其自由发展，因此最为恰当的是采用合目的控制的思想，即强调统而不死，活而不乱，突出人员的主观能动性；在组织整体层面加以宏观控制，而在团队和人员层面实现微观搞活。合目的控制的根本途径在于对组织实施控制的同时保持组织人员自身的活力，把控制目的转化为组织人员自身的目的性行为。

合目的控制是一种能够保持系统自组织特性的控制，为了达到组织柔性和效率的平衡，对于效率子系统采取积极而有效的干预，而对于柔性子系统则提供充分的自由度。"宏观控制，微观搞活"对于合目的控制而言缺一不可。如果缺少微观过程，试图对每一个过程、细节和人员活动都加以追踪和指导，这并不是一套可行和有效的方案。如果取消宏观控制，而一味追求人员的灵活性和自主性，则组织将因目标分化、协调成本过高而陷入混乱。

经过系统的思维转换，项目驱动型组织在实施标准化管理的同时要发挥人员的自主性，以组织的整体功能转变为目的，通过改变组织要素和要素间关系的系统属性，系统地完成柔性和效率之间的协同演化。

6.3　矛盾的降阶转化机制

矛盾思想对于柔性和效率悖论问题的解决有两个方面的重要启发——看深些，矛盾之间是具有同一性的；看远些，矛盾之间是可以相互转化的。换言之，一方面是要求组织对于柔性和效率问题要从更深层次的角度来看，将柔性和效率的问题分解到不同的组织层次下，在组织功能层面相互对立的两者在要素层面却可以找到彼此联系的相通之处；另一方面是要求组织将柔性和效率的矛盾放到更长的时间维度下来解决，伴随情境的变化建立柔性和效率的协同演化机制，将两者的矛盾化解。

根据矛盾思想的启示，实现柔性和效率的协同演化需要组织将矛盾进行转化，而这一过程类似变压器的作用原理，是将高阶冲突的矛盾关系经过一系列转化机制进行降阶处理。而此处降阶的内涵其一体现在系统层次维度上，其二体现在时间发展维度上。本书柔性和效率的矛盾降阶转化机制如图 6.1 所示。

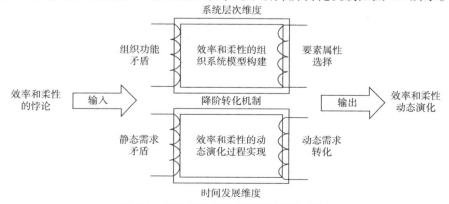

图 6.1　柔性和效率的矛盾降阶转化机制

　　系统层次维度上，柔性和效率的悖论体现为柔性和效率作为组织的两大战略目标，在组织功能层面上具有的矛盾关系。项目驱动型组织需要追求充分的组织柔性以应对多变的环境和顾客需求，但同时也需要足够的效率来保证组织的稳定、可持续性发展。这一对功能需求的悖论，如果置于包含柔性和效率双重目标的组织系统中便可以通过系统层次降阶加以转化。不管是效率还是柔性功能，都需要得到组织要素及要素间关系的支撑，组织对于效率或柔性功能的不同选择取决于组织要素及要素间关系的改变。因此，组织功能层面的矛盾可以转化到要素层面加以解决。组织的五大基本要素——结构、流程、权力配置、人员和激励，每一个要素既可以表现为效率的属性，也可以表现为柔性的属性。组织通过对各个要素的属性模块可选择性设计，来实现柔性和效率的共存。当不同的环境需求对组织功能有适应性偏好时，组织便可以通过要素属性的选择和匹配来支持功能的实现。这一过程便是柔性和效率组织系统构建的过程，也是将柔性和效率功能层面的矛盾进行降阶转化的过程。

　　时间发展维度意味着，从某一时间截面上静态地看柔性和效率的关系，两者是相互对立和矛盾的。组织若强调效率，那么就会因为一系列规则标准的固化而弱化柔性；组织若追求柔性，就会因灵活多变、无法大规模复制的行为而削弱效率。然而，组织是处于复杂动态的变化之中的，组织情境伴随时间的推移可以作出进一步的分解，从而实现在更长时间维度下柔性和效率矛盾的降阶转化。这一转化机制依赖于组织中柔性和效率的协同演化过程，即当分解的情境偏好倾向于效率或柔性的某一方时，组织会触发感应装置，产生环境和功能间的竞争压力，进而依靠高层管理者和组织成员的主观能动性，驱动组织在柔性和效率之间的功能调整。这一调整需要组织要素的调整作为支持，组织柔性和效率的功能转化便伴随着组织要素的改变而逐步实现。当情境需求随着时间的推进而不断变化时，组织不断重复着在柔性和效率之间转化的过程，而且，每转化一次，便会得到一次提升，两者便在互相促进中螺旋上升，最终实现协同演化。由此可见，依靠柔性和效率的协同演化过程，柔性和效率原本在静态时的矛盾需求，随着时间的推移得到了动态的转化。

6.4　权变的组织设计机制

　　权变思想与系统思想、矛盾思想三者之间相互联系、相互依存。与系统思想和矛盾思想对实践的启发侧重于认识层面上相比，权变思想对于动态组织设计的启发更侧重于应用层面。权变的组织设计机制归根结底要落实到组织要素的设计上，因此五个组织要素的权变设计构成柔性和效率协同演化实现机制的基础。

第一，对于结构要素而言，为了适应柔性和效率的协同演化，结构的权变设计可以采用复式结构，即结构分为多个层次，层层相套，但每一层的结构相似，可以形象地比作套娃结构。在项目驱动型组织中，上层的结构设计可以是职能分工为基础的永久性结构，这种结构对于强化稳定、提升效率是最有益的；下层的结构设计则可以采用微型的、类似分工基础的临时性结构的联合方式，利用这种结构来满足客户那些即时的、灵活多变的需求。这一权变设计的关键在于采用模型化的复式方法，即各临时项目组的微型结构与组织的总体结构是一致的，采用统一的模型。例如，组织总体上按照职能分工涵盖市场、设计、工艺、采购、生产、装配几个职能领域，那么一个项目组中也需要同样配置这几个领域的分工职责。项目驱动型组织的复式结构设计如图 6.2 所示。

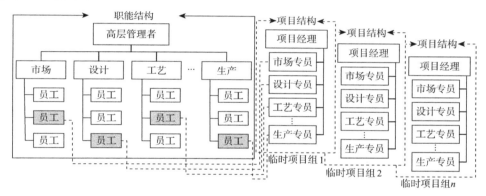

图 6.2　项目驱动型组织的复式结构设计

这种复式结构的不同层次设计，可以满足组织发展对效率和项目管理对柔性的权变需求：上层结构中固定的强连接，通过强化分工的专业性，保障组织运行的效率；下层结构中临时的弱连接，借助点对点、及时灵活的特性，提升项目实施的柔性。而这种复式结构在不同层次间选用一致结构，是一种考虑到相似性与差异性的权变设计：在项目层面上设置与总体结构相似的职能分工，可以保障职能管理的一致性，建立项目和职能之间互通的渠道，促成项目对于职能发展的反补和经验积累，这是项目驱动型组织保证效率的根本；同时由于每个项目都是独特的，在项目层面设计多个临时结构的联合方式，采用项目组对项目目标的负责制，是组织快速响应个性化需求，实现柔性化管理的根本。

然而，如果企业有类似事业部或产品中心的中间分层，或者是有类似项目集下包含多个项目的更低一级分层，权变结构的设计只需增加嵌套的层次即可，前提是始终保持一致的结构模型。

第二，流程要素是组织设计中最基础的环节，所有的结构设计、权力配置、人员和激励的设计都是为了保证组织流程可以被有效执行。标准化的流程是企业高效率的基础，但当具体到单个项目时，完全按照流程可能会导致组织面对需求变化时的柔性不足。因此，对于项目驱动型组织而言，流程和计划缺一不可。柔性和效率协同演化实现的过程中，需要在固定标准的流程和临时独特的计划两者间进行权变设计。

企业整体的流程提供了企业中要完成的主要工作，任何项目的执行都脱离不开这些基本流程的框架。但是，每个项目都是一次性的，面临个性化的需求和具体化的目标，项目计划用于规定具体项目所要从事的活动，活动之间的关系，以及活动执行的责任人、时间、资源等。在进行组织流程和项目计划的设计过程中，项目差异性程度是重要的权变影响因素。如果企业开展的项目多数都很相似，那么组织流程基本上可以代替项目计划，项目经理在制订项目计划时并不需要花费太多时间和精力，可以在常用的计划模板上进行简单的调整和完善；如果企业开展的不同项目间具有很强的个性化特征，项目目标差异较为明显，那么流程对于项目计划的指导性就相对有限，项目经理需要在流程规定的范围内，根据客户的需求和项目的自身条件来制订一份合理的计划。因此，流程和计划的权变设计在于，差异性小、惯例性活动的组织情境下，尽可能细致、规范地固化流程标准，降低不确定带来的损耗，加大与计划对接的可能性，提升组织效率。差异性大、不确定性活动的组织情境下，流程将所有必要的、关键的、确定的环节加以标准，留出可以自由选择的空间来满足不同的项目需求，实现组织柔性。

流程和计划实现权变设计的有效途径之一是采用模块化设计思路，如图 6.3所示。首先，在规划组织流程中采用标准业务模块的设计方法，如果一个企业流程梳理出要做 50 项工作，那么组织流程就由 50 个标准业务模块构成。其次，计划制订过程中，流程需要为计划提供标准业务模块，但除了这些标准模块之外，根据项目的独特需求，可能会产生不同的或者额外的工作内容。此时，计划制订者可能需要对标准模块进行针对性更新，如原有的工作内容、资源或耗费时间都产生了变化；可能需要剔除或者新增一些模块；可能需要重新排列模块之间的关系，从而优化项目计划。总之，计划在流程标准模块的基础上，根据具体的项目目标进行模块重组和有效整合，促使组织流程和项目计划之间相互支持与补充，为柔性和效率的协同演化奠定基础。

第三，权力研究是组织管理领域的核心研究主题，权力配置是组织设计中的重要参数。项目驱动型组织对于集权还是分权的抉择，是构成组织效率与柔性悖论问题的来源之一。组织的分权管理有利于发挥员工的主动性和创造性，从而提升组织柔性[132]；而从战略视角出发，企业过于青睐分权，很可能导致"缺少事业前景"综合征，使企业陷入不可控状态[133]。项目驱动型企业组织柔性

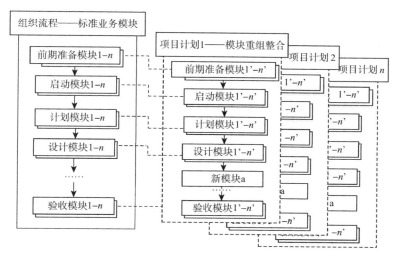

图 6.3　组织流程和项目计划的模块化设计

和效率协同演化的过程，同时是组织在集权和分权之间选择和平衡的过程。

为了在柔性和效率协同演化实现的过程中，找到组织权力配置的"适配状态"，组织必须寻求影响项目授权的情境因素，从而对权力配置进行权变设计。情境因素的差异是组织权力配置模式改变的基础，其中主要包括项目的战略重要性和项目管理成熟度两个方面。一方面，当项目在企业中的战略性地位低时，项目获取权力的能力并不强，横向权力来源中职能的权重大于项目的权重，企业对项目倾向于集权；当项目的战略性地位较高时，项目部门所拥有的战略权变因素增加，项目的相对权力增强，企业对项目的权力配置模式趋于分权。另一方面，当企业的项目管理成熟度较低时，企业运作项目管理的能力较弱，更适宜由高层管理者掌控主要决策权，直接控制项目的运行过程，集权模式的管理效率高，监管力度大；当项目管理成熟度变高时，项目管理过程趋于制度化和规范化，更适宜适度下放权力，在企业既定目标下由项目层对项目的开发与执行享有主要决策权，激发项目团队的积极性，保障项目实施过程的柔性实现[130]。

由此可见，组织对项目的权力配置并不存在一种最佳模式，伴随组织情境的发展，与组织柔性和效率协同演化相匹配的权力配置模式也不同。项目驱动型组织可以通过对项目的战略重要性及自身项目管理成熟度的评价，结合组织情境对柔性和效率的需求，选择适宜的权力配置设计方案。项目驱动型组织中集权和分权的权变设计如图 6.4 所示。

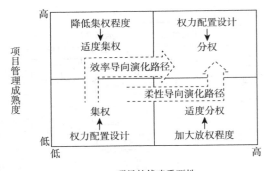

图 6.4　项目驱动型组织中集权和分权的权变设计

　　当企业项目管理不成熟且所选项目的战略重要性较低时，组织对项目应该采取集权的设计；当项目管理成熟度提升，而且目标项目对组织的战略重要性有所提升时，组织倾向于采取分权的设计。其中，效率导向和柔性导向的演化路径有所不同，效率导向的情形下目标重点在于提升组织效率，因此组织可以选择在提升项目管理成熟度的同时，通过适当降低集权程度但依然保持适度集权来保证组织的集权性；而柔性导向的情形下，为了强化组织的柔性目标，组织可以在提升项目的战略重要性的同时，通过加大对项目的放权程度，由适度分权向最终的分权目标过渡，从而帮助实现柔性和效率的协同演化。

　　第四，人员是组织最重要的资源，人员要素的设计涵盖了选人、用人及人员培养和发展多个方面，对于人员在柔性和效率特征上的权变设计，直接关系着组织柔性和效率协同演化的实现。从效率角度出发，传统的"定员制"是一种可以连续不断地提升人员专业能力的用人模式，不同人员在各自的专业领域上"熟能生巧"，有利于组织高效运作；然而，这种模式在充满不确定性、对人员适应能力有极高要求的组织环境下并不具有优势，为了适应这种变化，最理想的做法是使组织人员都成为全面发展的"多面手"。

　　对于人员的发展倾向于更加专业的方向，还是更加全面的方向，这是人员权变设计的基本问题。举例来说，对于一个研发人员，如果关注培养其专业能力，那么他将发展成为一个专家型人才，在解决某个领域的问题上对企业将具有重大贡献；但如果并不只局限于将其定位为一个专业人才，而是注重发展他的多方面才能，如选拔他作为项目经理，培养他管理方面的才能，那么他的专业能力提升可能就会受到影响，通常专业进步的速度就会受限。项目驱动型组织中，专业技术过硬的专家型人才和具备多方面技能的复合型人才都是必需的，关键是根据不同的工作需求和目标定位，对人员的选用和培养导向进行权变设计。在实现柔性和效率协同演化的过程中，有静态、简单的工作需求，也有动态、复杂的过程和相互作用，因而对人员的要求将产生差异，如图 6.5 所示。在工作内容简单和能力需求静态的情形下，如负责一专项工作的一线工人，组织应该关注对人员专业技能的强化，以及人员对岗位职责的执行和贯彻，强调确定性、高效性、稳定性；在工作内容简单而能力需求动态变化情形下，如在多个项目负责某一专项工作的项目专员，组织在保证他们专业水平的同时，还应注重提升他们的多元化技能，尽量设置灵活的岗位职责和工作时间，以适应动态工作环境的要求。对于工作内容复杂而能力需求相对静态的情形，如效率提升过程中的标准化流程工作，组织应该引导其对尽可能减少不确定和提高效率的目标设定，强化其对形成标准化的追求，从而提升组织的运作效率；而对于工作内容复杂且能力需求动态变化的工作，如在协同演化中起到关键作用的环境变化感应和内部驱动人员，组织应该鼓励他们进行适时调整和适应，强化他们随机应变的能力，强化和培育这些人员的灵活性、主动性和适应性。

		工作复杂程度	
		简单	复杂
能力需求	静态	效率导向： 强化岗位职责的 执行和贯彻	效率导向： 强化对标准化、程 序化的追求
	动态	柔性导向： 注重人员多技能化 要求和培训	柔性导向： 培育人员灵活性、 主动性和适应性

图 6.5 项目驱动型组织中人员的权变设计

总而言之，人员的权变设计就是根据工作的复杂程度和对人员能力的动态发展需求，来确定匹配人员，并依据人员实际情况和需求，制订人员能力发展计划，提供相应的知识和技术培训，使得组织中专家型人才和复合型人才都有发挥才能和特长的空间。

第五，组织中的人员激励同样是不可忽视的重要环节，有效的激励机制可以为组织其他要素提供保障和支持作用，从而促进组织的有序运行。激励的设计对于组织发展和人员行为具有引导效应，员工总会根据组织的激励导向来选择自己的行为模式。效率导向的激励体系重视员工的执行力，通常以明确的过程指标和岗位绩效加以评定，从而根据员工行为效率的评价制定相应的激励制度；而柔性导向的激励体系注重员工的自主性，强调以结果指标和项目绩效为导向的考核，并根据员工的主动性来采用差异化的激励。

为了保证柔性和效率协同演化的实现，项目驱动型组织必须对激励进行权变设计。一方面，薪酬是组织人员管理的基础，组织需要根据业务和人员特点，制定多元化的薪酬体系。针对从事常规工作的职能型人员，可以采用"以岗定薪"来提供"基本工资+奖金"的岗位薪酬，奖金与工作的执行情况相挂钩，从而激励员工做好本职工作，严格执行岗位职责，突出管理的规范性和严谨性。面向项目业务、临时项目团队成员，可以采用"以人定薪"的项目薪酬，将奖金与项目目标的完成情况相挂钩，从而激励项目人员对项目进度、成本、质量以及客户满意度目标的关注，促使项目人员主动积极地投入。

另一方面，职业生涯规划是激励的核心，可以为员工发展提供明确的目标，促使员工不断前进、超越自我，对员工具有长久的激励作用。职业生涯通道的设计同样应该根据不同的业务特点和人员需求进行权变设计。尤其对于项目驱动型组织而言，组织既要鼓励专业型人才的发展，又要培养项目管理人才，只有为两类人才均提供合理的晋升发展通道，才可能顺利地实现柔性和效率的协同演化。为此，组织必须进行双职业生涯通道设计，为强化项目管理能力和专业能力发展均提供激励保障措施。

如图 6.6 所示，项目驱动型组织激励的权变设计就是将"以岗定薪"和"以人定薪"相结合，使薪酬体系有效融合效率导向和柔性导向的激励措施，并通过构建双职业生涯通道，实现柔性和效率的双重长效激励，从而保证柔性和效率协同演化的实现。

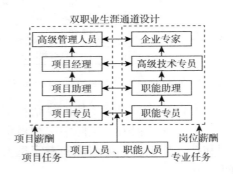

图 6.6　项目驱动型组织激励的权变设计

参 考 文 献

[1] Todorovic M, Mitrovic Z, Bjelica D. Measuring project success in project-oriented organizations[J]. Management, 2013, 18（68）: 41-48.

[2] Bala S, Rogge-Solti A, Cabanillas C, et al. Mining Project-Oriented Business Processes[M]. New York: Springer International Publishing, 2015.

[3] 孙秀霞，朱方伟. 项目驱动型组织如何破解效率与柔性的均衡困境——一项多案例比较研究[J]. 南开管理评论, 2016, 19（5）: 77-90.

[4] Jerbrant A. Organising project-based companies: management, control and execution of project-based industrial operations[J]. International Journal of Managing Projects in Business, 2013, 6（2）: 365-378.

[5] Chronéer D, Backlund F. A holistic view on learning in project-based organizations[J]. Project Management Journal, 2015, 46（3）: 61-74.

[6] Salajeghe S, Sayadi S, Mirkamali K S. Measuring the relationship between intellectual capital and project managers competency model in the project-oriented organizations[J]. Research in Business & Management, 2014, 1（2）: 55-80.

[7] Salunke S, Weerawardena J, McColl-Kennedy J R. Competing through service innovation: the role of bricolage and entrepreneurship in project-oriented firms[J]. Journal of Business Research, 2013, 66（8）: 1085-1097.

[8] 杨玉武. 项目团队自主性与项目绩效：项目型企业情境下的研究[J]. 项目管理技术, 2014, 12（4）: 37-42.

[9] 吴卫红，李小伟，张爱美. 基于战略层次的项目导向型企业项目组合选择[J]. 技术经济, 2013, 32（4）: 89-93.

[10] 张成迁，夏维力. 基于 DEA 的项目驱动型企业管理绩效研究[J]. 项目管理技术, 2014, 12（2）: 111-114.

[11] 杨伟. 产业技术创新战略联盟组织特征分析——基于项目导向型组织视角[J]. 科技进步与对策, 2013, 30（11）: 56-60.

[12] Thiry M，Deguire M. Recent developments in project-based organisations[J]. International Journal of Project Management，2007，25（7）：649-658.

[13] Huemann M，Keegan A，Turner J R. Human resource management in the project-oriented company：a review[J]. International Journal of Project Management，2007，25（3）：315-323.

[14] Adler P S，Goldoftas B，Levine D I. Flexibility versus efficiency? A case study of model changeovers in the Toyota production system[J]. Organization Science，1999，10（1）：43-68.

[15] Peteraf M，Stefano G D，Verona G. The elephant in the room of dynamic capabilities：bringing two diverging conversations together[J]. Strategic Management Journal，2013，34（12）：1389-1410.

[16] Modig N. A continuum of organizations formed to carry out projects：temporary and stationary organization forms[J]. International Journal of Project Management，2007，25（8）：807-814.

[17] Cattani G，Ferriani S，Frederiksen L，et al. Project-based organizing and strategic management：a-long-term research agenda on temporary organizational forms[J]. Advances in Strategic Management，2011，28（6）：15-39.

[18] Leybourne S A，Sainter P. Advancing project management：authenticating the shift from process to "nuanced" project-based management in the ambidextrous organization[J]. Project Management Journal，2012，43（6）：5-15.

[19] Klein L，Biesenthal C，Dehlin E. Improvisation in project management：a praxeology[J]. International Journal of Project Management，2015，33（2）：267-277.

[20] Devanna M A，Tichy N. Creating the competitive organization of the 21st century：the boundaryless corporation[J]. Human Resource Management，1990，29（4）：455-471.

[21] Turner N，Lee-Kelley L. Unpacking the theory on ambidexterity：an illustrative case on the managerial architectures，mechanisms and dynamics[J]. Management Learning，2013，44（2）：179-196.

[22] 刘洋，魏江，应瑛. 组织二元性：管理研究的一种新范式[J]. 浙江大学学报（人文社会科学版），2011，41（6）：132-142.

[23] Schreyögg G，Sydow J. Organizing for fluidity? Dilemmas of new organizational forms[J]. Organization Science，2010，21（6）：1251-1262.

[24] Eisenhardt K M，Furr N R，Bingham C B. Microfoundations of performance：balancing efficiency and flexibility in dynamic environments[J]. Organization Science，2010，21（6）：1263-1273.

[25] Middleton C J. How to set up a project organization[J]. Harvard Business Review，1967，45（2）：73-82.

[26] Kast F E，Rosenzweig J E. General system theory：applications for organization and management[J]. Academy of Management Journal，1972，15（4）：447-465.

[27] Kolodny H F. Evolution to a matrix organization[J]. The Academy of Management Review，1979，4（4）：543-553.

[28] Thamhain H J. Linkages of project environment to performance：lessons for team leadership[J]. International Journal of Project Management，2004，22（7）：533-544.

[29] Spirer H F，Hamburger D H. Phasing out the project[C]//Cleland D I，King W R. Project Management Handbook. 2nd ed. New York：John Wiley & Sons，2008：231-250.

[30] Engwall M. No project is an island：linking projects to history and context[J]. Research Policy，2003，32（5）：789-808.

[31] van Donk D P，Molloy E. From organising as projects to projects as organisations[J]. International Journal of Project Management，2008，26（2）：129-137.

[32] Gareis R. Management by projects：the management strategy of the "new" project-oriented company[J]. International Journal of Project Management，1991，9（2）：71-76.

[33] Turner J R. The Handbook of Project-based Management：Leading Strategic Change in Organizations[M]. New York：McGraw-Hill Education（Asia）Co.，2010.

[34] DeFillippi R J，Arthur M B. Paradox in project-based enterprise：the case of film making[J]. California Management Review，1998，40（2）：125-139.

[35] Lindkvist L. Governing project-based firms：promoting market-like processes within hierarchies[J]. Journal of Management and Governance，2004，8（1）：3-25.

[36] Hobday M. The project-based organisation：an ideal form for managing complex products and systems?[J]. Research Policy，2000，29（7）：871-893.

[37] Meredith J R，Mantel Jr S J，Shafer S M. Project Management：A Managerial Approach[M]. 9th ed. New York：John Wiley & Sons，2015.

[38] Sydow J，Lindkvist L，DeFillippi R. Project-based organizations，embeddedness and repositories of knowledge：editorial[J]. Organization Studies，2004，25（9）：1475-1489.

[39] Hyväri I. Project management effectiveness in project-oriented business organizations[J]. International Journal of Project Management，2006，24（3）：216-225.

[40] Thiry M. Creating project-based organizations to deliver value[J]. PM World Today，2008，10（3）：1-6.

[41] Staadt J. Redesigning a project-oriented organization in a complex system[J]. International Journal of Managing Projects in Business，2012，5（1）：51-66.

[42] Bakhshi J，Ireland V，Gorod A. Clarifying the project complexity construct：past，present and future[J]. International Journal of Project Management，2016，34（7）：1199-1213.

[43] Salunke S，Weerawardena J，Mccoll-Kennedy J R. Towards a model of dynamic capabilities in innovation-based competitive strategy：insights from project-oriented service firms[J]. Industrial Marketing Management，2011，40（8）：1251-1263.

[44] Ford J. Novel product innovation in project-based firms：explaining innovation where interdependent firms deliver complex system-level outcomes[J]. Addiction，2015，91（3）：391-403.

[45] Whitley R. Project-based firms：new organizational form or variations on a theme?[J]. Social Science Electronic Publishing，2006，15（15）：77-99.

[46] Alashwal A M，Abdul-Rahman H. Using PLS-PM to model the process of inter-project learning in construction projects[J]. Automation in Construction，2014，44（8）：176-182.

[47] Lech P. Managing knowledge in IT projects：a framework for enterprise system implementation[J]. Journal of Knowledge Management，2014，18（3）：551-573.

[48] Brady T，Davies A. Building project capabilities：from exploratory to exploitative learning[J]. Organization Studies，2004，25（9）：1601-1621.

[49] Sydow J. Path dependencies in project-based organizing：evidence from television production in Germany[J]. Journal of Media Business Studies，2009，6（4）：123-139.

[50] Grabher G. The project ecology of advertising：tasks，talents and teams[J]. Regional Studies，2002，36（3）：245-262.

[51] Purnus A，Bodea C N. Project prioritization and portfolio performance measurement in project oriented organizations[J]. Procedia-Social and Behavioral Sciences，2014，119（8）：339-348.

[52] Glaser B G，Strauss A L. The Discovery of Grounded Theory：Strategies for Qualitative Research[M]. New Brunswick：Transaction Publishers，2009.

[53] 焦军毅. 我国项目驱动型企业的战略管理特点分析[J]. 商场现代化，2007，（15）：82-83.

[54] 朱方伟，宋琳. 项目驱动型企业的组织管理环境构建研究[J]. 管理学报，2012，9（5）：671-677.

[55] 戚安邦，杨玉武，廖媛红，等. 面向知识经济与创新型国家的项目导向型组织和社会研究[J]. 科学学与科学技术管理，2006，（4）：70-76.

[56] 戚安邦，于波. 面向创新的项目导向型企业体制与机制的集成模型与方法[J]. 南开管理评论，2007，10（3）：94-101.

[57] 项志芬. 面向创新的项目导向型企业评价模型与方法研究[D]. 南开大学博士学位论文，2009.

[58] 丁荣贵，孙亚男，吕冠珠. 项目导向型企业的组织机制研究[J]. 山东大学学报（哲学社会科学版），2008，（6）：110-116.

[59] 卢向南，朱祥松. 浅议项目导向型企业组织结构的设计[J]. 技术经济与管理研究，2004，（4）：77-78.

[60] 李文. 项目化企业的组织结构选择[J]. 管理工程学报，2005，（S1）：97-101.

[61] 侯海东，姜柏桐，李金海. 知识经济下项目导向型企业组织结构模式研究[J]. 科学学与科学技术管理，2008，（11）：151-155.

[62] 刘广平，陈立文，戚安邦. 创业企业与孵化器互动下的项目导向型组织结构设计与运行机制研究[J]. 科技进步与对策，2013，30（16）：11-14.

[63] 刘广平. 项目导向型企业人力资源管理研究[J]. 项目管理技术，2010，8（8）：20-24.

[64] 吴卫红，李小伟，张爱美. 基于质量优化模型的项目导向型企业人力资源配置优化研究[J]. 工业技术经济，2013，（4）：54-59.

[65] 张水波，康飞，李祥飞. 基于支持向量机的建设工程项目经理胜任力评价[J]. 中国软科学，2013，（11）：83-90.

[66] 孙春玲，宋红，翟晓峰，等. 建设工程项目经理执业能力指标体系构建[J]. 预测，2013，（1）：72-76.

[67] 杨玉武. 项目导向型企业项目知识管理机制研究[J]. 现代管理科学，2009，（2）：110-111，114.

[68] 廖媛红. 项目导向型组织的知识管理模型[J]. 科技管理研究，2008，（1）：196-198，202.

[69] 贾立伟. 项目导向型企业知识管理初探[J]. 项目管理技术，2009，（8）：81-84.

[70] 潘辉，刘广平. 项目导向型企业知识创新机理研究[J]. 科技与经济，2011，24（1）：16-19.

[71] 朱方伟，孙秀霞，杨筱恬. 战略项目管理情境对项目权力配置的影响研究——基于战略权变视角[J]. 南开管理评论，2013，16（4）：143-153.

[72] Marschak T，Nelson R. Flexibility，uncertainty，and economic theory[J]. Metroeconomica，1962，14（1/2/3）：42-58.

[73] Krishna V M，Prakash G，Manikandan M. Congregating or swerving？—Developmental trends and changing role of Indian organizational flexibility along globalization process[J]. Procedia-Social and Behavioral Sciences，2015，189：64-80.

[74] Davis G F. Celebrating organization theory：the after-party[J]. Journal of Management Studies，2015，52（2）：309-319.

[75] Henderson R，Gulati R，Tushman M. Leading Sustainable Change：An Organizational Perspective[M]. Oxford：Oxford University Press，2015.

[76] Koontz H，Weihrich H. 管理学[M]. 张晓君译. 北京：经济科学出版社，1998.

[77] Cohen M D. Reading dewey: reflections on the study of routine[J]. Organization Studies, 2007, 28（5）: 773-786.

[78] O'Reilly C A, Tushman M L. Organizational ambidexterity: past, present, and future[J]. Academy of Management Perspectives, 2013, 27（4）: 324-338.

[79] Birkinshaw J, Gupta K. Clarifying the distinctive contribution of ambidexterity to the field of organization studies[J]. Academy of Management Perspectives, 2013, 27（4）: 287-298.

[80] Ashby W R. Principles of self-organizing systems[J]. Emergence : Complexity & Organization, 2004, 6（1/2）: 102-126.

[81] AI-Raqadi A M S, Rahim A A, Masrom M, et al. System thinking in single-and double-loop learning on the perceptions of improving ships' repair performance[J]. International Journal of System Assurance Engineering & Management, 2016, 7（S1）: 126-142.

[82] Besharov M L, Smith W K. Multiple institutional logics in organizations: explaining their varied nature and implication[J]. Academy of Management Review, 2014, 39（3）: 364-381.

[83] Heskett J. The Culture Cycle : How to Shape the Unseen Force That Transforms Performance[M]. Upper Saddle River: FT Press, 2012.

[84] Kortmann S, Gelhard C, Zimmermann C, et al. Linking strategic flexibility and operational efficiency: the mediating role of ambidextrous operational capabilities[J]. Journal of Operations Management, 2014, 32（7/8）: 475-490.

[85] Adler P S, Benner M, Brunner D J, et al. Perspectives on the productivity dilemma[J]. Journal of Operations Management, 2009, 27（2）: 99-113.

[86] Benner M J, Tushman M L. Exploitation, exploration, and process management: the productivity dilemma revisited[J]. Academy of Management Review, 2003, 28（2）: 238-256.

[87] Eccles R G, Ioannou I, Serafeim G. The impact of corporate sustainability on organizational processes and performance[J]. Management Science, 2014, 60（11）: 2835-2857.

[88] Jay J. Navigating paradox as a mechanism of change and innovation in hybrid organizations[J]. Academy of Management Journal, 2013, 56（1）: 137-159.

[89] Pellegrinelli S, Murray-Webster R, Turner N. Facilitating organizational ambidexterity through the complementary use of projects and programs[J]. International Journal of Project Management, 2015, 33（1）: 153-164.

[90] Davis J P, Eisenhardt K M, Bingham C B. Optimal structure, market dynamism, and the strategy of simple rules[J]. Administrative Science Quarterly, 2009, 54（3）: 413-452.

[91] Wilden R, Gudergan S P, Nielsen B B, et al. Dynamic capabilities and performance: strategy, structure and environment[J]. Long Range Planning, 2013, 46（1/2）: 72-96.

[92] Endres A, Friehe T. The reasonable person standard: trading off static and dynamic efficiency[J]. European Journal of Law & Economics, 2014, 37（2）: 249-267.

[93] Ghemawat P, Ricart J E. The organizational tension between static and dynamic efficiency[J]. Strategic Management Journal, 1993, 14（S2）: 59-73.

[94] Hiraga K. Simple analysis of dynamic efficiency in endogenous fertility[J]. Theoretical Economics Letters, 2015, 5（4）: 541-544.

[95] March J G. Exploration and exploitation in organizational learning[J]. Organization Science, 1991, 2（1）: 71-87.

[96] Turner N, Swart J, Maylor H. Mechanisms for managing ambidexterity: a review and research agenda[J]. International Journal of Management Reviews, 2013, 15（3）: 317-332.

[97] Mattes J. Formalisation and flexibilisation in organisations-dynamic and selective approaches in corporate innovation processes[J]. European Management Journal, 2014, 32（3）: 475-486.

[98] Junni P, Sarala R M, Taras V, et al. Organizational ambidexterity and performance: a meta-analysis[J]. Academy of Management Perspectives, 2013, 27（4）: 299-312.

[99] O'Reilly C A, Tushman M L. Organizational ambidexterity in action: how managers explore and exploit[J]. California Management Review, 2011, 53（4）: 5-22.

[100] Smith W K, Binns A, Tushman M L. Complex business models: managing strategic paradoxes simultaneously[J]. Long Range Planning, 2010, 43（2/3）: 448-461.

[101] Jansen J J P, Tempelaar M P, van den Bosch F A J, et al. Structural differentiation and ambidexterity: the mediating role of integration mechanisms[J]. Organization Science, 2009, 20（4）: 797-811.

[102] Vecchiato R. Strategic planning and organizational flexibility in turbulent environments[J]. Foresight, 2015, 17（3）: 257-273.

[103] Smith W K, Lewis M W. Toward a theory of paradox: a dynamic equilibrium model of organizing[J]. Academy of Management Review, 2011, 36（2）: 381-403.

[104] 王朝晖. 战略人力资源管理与组织双元的关系研究述评[J]. 外国经济与管理, 2016, 38（3）: 44-60.

[105] Johnson B. Reflections: a perspective on paradox and its application to modern management[J]. Journal of Applied Behavioral Science, 2014, 50（2）: 206-212.

[106] Carter W R. Ambidexterity deconstructed: a hierarchy of capabilities perspective[J]. Management Research Review, 2015, 38（8）: 794-812.

[107] Papachroni A, Heracleous L, Paroutis S. Organizational ambidexterity through the lens of paradox theory: building a novel research agenda[J]. The Journal of Applied Behavioral Science, 2015, 51（1）: 71-93.

[108] Davies A，Brady T. Explicating the dynamics of project capabilities[J]. International Journal of Project Management，2016，34（2）：314-327.

[109] Scott W R. Reflections on a half-century of organizational sociology[J]. Annual Review of Sociology，2004，30（1）：1-21.

[110] 方统法. 组织设计的知识基础论[D]. 复旦大学博士学位论文，2003.

[111] Hoverstadt P. The Fractal Organization：Creating Sustainable Organizations with the Viable System Model[M]. Hoboken：John Wiley & Sons，2011.

[112] Winter M，Szczepanek T. Images of Projects [M]. Burlington：Gower，2009.

[113] Ebben J J，Johnson A C. Efficiency，flexibility，or both? Evidence linking strategy to performance in small firms[J]. Strategic Management Journal，2005，26（13）：1249-1259.

[114] Volberda H W，van der Weerdt N，Verwaal E，et al. Contingency fit，institutional fit，and firm performance：a metafit approach to organization-environment relationships[J]. Organization Science，2012，23（4）：1040-1054.

[115] Jansen J J P，Simsek Z，Cao Q. Ambidexterity and performance in multiunit contexts：cross-level moderating effects of structural and resource attributes[J]. Strategic Management Journal，2012，33（11）：1286-1303.

[116] Shih M H，Yong L C. Relationship of planning and control systems with strategic choices：a closer look[J]. Asia Pacific Journal of Management，2001，18（4）：481-501.

[117] Gilbert C G. Change in the presence of residual fit：can competing frames coexist?[J]. Organization Science，2006，17（1）：150-167.

[118] Greenwood R，Hinings C R，Whetten D. Rethinking institutions and organizations[J]. Journal of Management Studies，2014，51（7）：1206-1220.

[119] Lee T W. 组织与管理研究的定性方法[M]. 吕力译. 北京：北京大学出版社，2014.

[120] March J G. Rationality，foolishness，and adaptive intelligence[J]. Strategic Management Journal，2006，27（3）：201-214.

[121] Nelson R R，Winter S G. The schumpeterian tradeoff revisited[J]. American Economic Review，1982，72（1）：114-132.

[122] Tyre M J，von Hippel E. The situated nature of adaptive learning in organizations[J]. Organization Science，1997，8（1）：71-83.

[123] 周俊，薛求知. 双元型组织构建研究前沿探析[J]. 外国经济与管理，2009，（1）：50-57.

[124] Sarwar H，Aftab J，Sarwar H，et al. Role of HRM in project success of project oriented organizations in Southern Punjab，Pakistan[J]. Entrepreneurship and Innovation Management Journal，2016，4（3）：110-121.

[125] Eisenhardt K M，Graebner M E. Theory building from cases：opportunities and challenges[J]. Academy of Management Journal，2007，50（1）：25-32.

[126] 许晖，张海军，王琳. 价值驱动视角下制造企业服务创新能力的构建机制——基于艾默生网络能源（中国）的案例研究[J]. 管理案例研究与评论，2014，7（4）：269-282.

[127] 吴勤堂. 产业集群与区域经济发展耦合机理分析[J]. 管理世界，2004，（2）：133-134，136.

[128] Simsek Z，Heavey C B，Veiga J F，et al. A typology for aligning organizational ambidexterity's conceptualizations，antecedents，and outcomes[J]. Journal of Management Studies，2009，46（5）：864-894.

[129] Kerzner H R. Project Management：A Systems Approach to Planning，Scheduling，and Controlling[M]. New York：John Wiley & Sons，2013.

[130] Liu L，Leitner D. Simultaneous pursuit of innovation and efficiency in complex engineering projects——a study of the antecedents and impacts of ambidexterity in project teams[J]. Project Management Journal，2012，43（6）：97-110.

[131] 李彬，王凤彬，秦宇. 动态能力如何影响组织操作常规？——一项双案例比较研究[J]. 管理世界，2013，（8）：136-153，188.

[132] Martin J A，Eisenhardt K M. Rewiring：cross-business-unit collaborations in multibusiness organizations[J]. Academy of Management Journal，2010，53（2）：265-301.

[133] Hill S A，Birkinshaw J. Strategy-organization configurations in corporate venture units：impact on performance and survival[J]. Journal of Business Venturing，2008，23（4）：423-444.

[134] 朱方伟，孙秀霞，杨筱恬. 企业集权度与项目管理成熟度匹配关系研究[J]. 科学学与科学技术管理，2013，（8）：148-158.

[135] Goltza S M，Hietapelto A. Using the operant and strategic contingencies models of power to understand resistance to change[J]. Journal of Organizational Behavior Management，2003，22（3）：3-22.

[136] 林亚清，赵曙明. 构建高层管理团队社会网络的人力资源实践、战略柔性与企业绩效——环境不确定性的调节作用[J]. 南开管理评论，2013，16（2）：4-15，35.

[137] 颜泽贤. 复杂系统演化论[M]. 北京：人民出版社，1993.

[138] Murmann J P. The coevolution of industries and important features of their environments[J]. Organization Science，2013，24（1）：58-78.

[139] Yin R K. 案例研究：设计与方法[M]. 周海涛，李永贤，李虔译. 重庆：重庆大学出版社，2010.

附录 七家企业访谈中的调查问卷样板

请针对企业实际，对以下描述作出是否符合的判断：					
企业管理层级倾向于扁平化	非常不符合	不符合	一般	符合	非常符合
企业职能部门和项目组能够有效配合	非常不符合	不符合	一般	符合	非常符合
企业跨职能的协调顺畅	非常不符合	不符合	一般	符合	非常符合
企业针对项目进行资源整合的能力强	非常不符合	不符合	一般	符合	非常符合
企业管理灵活变通的空间较大	非常不符合	不符合	一般	符合	非常符合
企业对客户需求的响应速度快	非常不符合	不符合	一般	符合	非常符合
企业采用与项目业绩考核挂钩的激励措施	非常不符合	不符合	一般	符合	非常符合
企业采用基于计划的管控模式	非常不符合	不符合	一般	符合	非常符合
与项目有关的决策由团队制定	非常不符合	不符合	一般	符合	非常符合
项目经理全权管理项目	非常不符合	不符合	一般	符合	非常符合
企业很多决策是在集思广益后作出的	非常不符合	不符合	一般	符合	非常符合
企业进行专业化分工	非常不符合	不符合	一般	符合	非常符合
企业重视强化专业技能	非常不符合	不符合	一般	符合	非常符合
专业内部交流与互动高效	非常不符合	不符合	一般	符合	非常符合
企业职能分工边界明确	非常不符合	不符合	一般	符合	非常符合
工作流程标准化程度高	非常不符合	不符合	一般	符合	非常符合
企业管理一切以制度为准	非常不符合	不符合	一般	符合	非常符合
员工对自身责权利明确	非常不符合	不符合	一般	符合	非常符合
项目优秀经验被固化为企业标准规范	非常不符合	不符合	一般	符合	非常符合
企业高层拥有大量项目决策权	非常不符合	不符合	一般	符合	非常符合
所有项目团队接受企业统一指挥	非常不符合	不符合	一般	符合	非常符合
项目的短期行为与企业的长期战略没有冲突	非常不符合	不符合	一般	符合	非常符合
柔性和效率对于企业而言同样重要	非常不符合	不符合	一般	符合	非常符合
柔性和效率的矛盾在企业中表现明显	非常不符合	不符合	一般	符合	非常符合
企业组织结构设计可以兼顾项目和职能	非常不符合	不符合	一般	符合	非常符合
企业标准流程保留有临时变动的空间	非常不符合	不符合	一般	符合	非常符合
对人员的要求不限于其所在专业	非常不符合	不符合	一般	符合	非常符合
激励考核制度能够激发员工积极性	非常不符合	不符合	一般	符合	非常符合
员工灵活应变的自主决策行为普遍	非常不符合	不符合	一般	符合	非常符合
企业在柔性和效率方面做到了两者相互促进和转化	非常不符合	不符合	一般	符合	非常符合